Christin Lemke

Listas

99 Listen für ein gutes Leben

Bibliografische Information der Deutschen Nationalbibliothek:
Die Deutsche Nationalbibliothek verzeichnet diese Publikation
in der Deutschen Nationalbibliografie; detaillierte bibliografische
Daten sind im Internet über dnb.dnb.de abrufbar.

Christin Lemke, „Listas.
99 Listen für ein besseres Leben"
© 2019 Bettina-Christin Lemke
Herstellung und Verlag:
BoD – Books on Demand, Norderstedt
Umschlagfoto: magdal3na

ISBN: 9783739201696

Das Buch zum Urlaubsort

1. Neapel: *Die Geschichte des verlorenen Kindes* von Elena Ferante
2. Torremolinos: *Alles inklusive* von Doris Dörrie
3. Kopenhagen: *Fräulein Smillas Gespür für Schnee* von Peter Høeg
4. Amsterdam: *Bis ich dich finde* von John Irving
5. Lanzarote: *Nullzeit* von Juli Zeh
6. Sylt: *Wir sind die Guten* von Dora Heldt
7. Kreta: *Der Duft von Oliven* von Sigrid Wohlgemuth
8. Oslo: *Sterblich* von Thomas Enger
9. Côte d'Azur: *Bonjour tristesse* von Françoise Sagan
10. Miami: *Back to Blood* von Tom Wolfe
11. Cornwall: *Die Muschelsucher* von Rosamunde Pilcher
12. Zypern: *Helenas Geheimnis* von Lucinda Riley
13. Palermo: *La Nerra* von Claudio M. Mancini
14. Bretagne: *Die Stimmen über dem Meer* von Bettina Storks
15. Riviera: *Das Buch der Riviera* von Erika und Klaus Mann
16. Lissabon: *Nachtzug nach Lissabon* von Pascal Mercier
17. Mailand: *Die Buchhandlung der Träume* von Christa Canio
18. Istanbul: *Schnee* von Orhan Pamuk
19. Barcelona: *Der Schatten des Windes* von Carlos Ruiz Zafón
20. Marseille: Die Marseille-Trilogie von Jean-Claude Izzo

Dinge über die man in Deutschland erschreckt:

- Gegen ein Spinnennetz laufen

- Der Bus hat vier Minuten Verspätung

- Ein Kratzer im Lack des Lieblingsautos

- Eine herrenlose Tasche, die im Bahnhof steht

- Das Grundschulkind kommt 10 Minuten zu spät aus der Schule

- Bei einem internationalen Turnier verliert die deutsche Fußballelf ein Spiel

- In den Supermarkt gehen und die Brottheke ist nicht besetzt

- Man wird von einer unbekannten Nummer angerufen

- Die Benzinpreise haben sich um sechs Cent erhöht

Worüber sich Menschen anderswo auf der Welt erschrecken

- die Nachbarin ist plötzlich spurlos verschwunden

- ein sehr lauter Knall in unmittelbarer Nähe

- der Sohn schließt sich der Armee an

- die Wohnstätte wurde durchsucht oder ist überhaupt nicht mehr da

- Eine Wahlbeteiligung von unter 30 %

- Man bekommt eine Vorladung zu einem Verhör, und weiß nicht warum

- Noch immer sehr heiß und kein Regen in Sicht

- Eine Straßensperre

- Ein Mann hat ein Auge auf eine verheiratete Frau geworfen. Ihr wird die Schuld daran gegeben.

5 Arten von Schlafstörungen

1. Körperliche Unruhe ohne Zwangsgedanken.
2. Panik: irrationale Ängste, Angst vor dem Tod, mit körperlichen Begleiterscheinungen wie Herzrasen.
3. Angst mit unmöglichen Gedanken, Gedankenkarussellen bezüglich der Zukunft oder der Vergangenheit.
4. Langeweile, Erschöpfung.
5. Ein positiver Gedankenvirus, eine faszinierende Idee.

... und was da helfen kann

1. Entspannungsübungen, ein Hörbuch, es zu einem späteren Zeitpunkt noch einmal versuchen.
2. Gedanken ernst nehmen, die dahinterstehende Absicht erkunden, einen Termin mit den Gedanken für den nächsten Tag machen und sich dann ernsthaft und ehrlich mit ihnen auseinandersetzen.
3. Erst 2, dann 1.
4. Die Tage in Ordnung bringen: Verpfuschte Tage ergeben verpfuschte Nächte.
5. Alles erhalten durch Aufschreiben. Das ist wichtiger als Schlaf.

Die Schwerkraft außer Kraft setzen

- Wiener Walzer tanzen in einem großen Saal
- Im Fallturm in Bremen
- Die große Zentrifuge auf dem Schützenfest, wo man an die Wand gepresst wird
- Auf einem Rennpferd über ein Stoppelfeld galoppieren
- Mit einem Motorrad über die Autobahn brettern
- Verliebt im Sommer durch den Regen laufen
- Fliegen im Traum
- Im toten Meer baden
- Michael Jacksons Vorwärtskippe
- Ein Parabelflug buchen
- Ein Orgasmus
- Im Floating-Tank
- Tauchen
- Savasana – die Totenstellung

Gute Gedanken zum Einschlafen

1. Dankbarkeit
Für all das Gute, das einem widerfahren ist. Für Menschen, die einem begegnet sind. Für unseren Körper.

2. Sich im Verzeihen üben
Bei sich selber, bei anderen Menschen.

3. Zählübungen
Außer Schäfchen kann man auch Hündchen, Elefantchen oder Kätzchen zählen, wie sie über Hindernisse springen oder über sattgrüne Wiesen tollen.

4. Bodyscan mit liebevollen Gedanken
Systematisch an alle Teile des Körpers denken und freundliche Gedanken dorthin senden (Anerkennung und Dank).

5. Liebevolle Gedanken versenden
Mittels Farbwolken, farbigen Gedankenstrahlen oder so.
Zunächst an die, die man mag, dann an alle anderen auch Tageschausprecher*Innen und so weiter, dann Tiere, dann Pflanzen, dann Dinge.

6. Fantasiereisen
Schöne Landschaften, angenehme Menschen und Groschenromanerlebnisse.

Was wärmt

Eine Wärmflasche, eine heiße Suppe, sich eine Geschichte vorlesen lassen, ein Lagerfeuer, Sonne auf der Haut, Capsaicin, zu zweit unter einer Decke liegen, eine Chili essen, „Freiheit" auf einem Westernhagen-Konzert mitsingen, eine Rettungsdecke aus Glitzerfolie, Ingwer, Schmerz-Therapie-Wärme-Pflaster, ein Baby halten, heißer Tee, in die Disco gehen, eine Fußbodenheizung, ein Kuscheltier, Weihnachten, eine Heizdecke, von einen Hund geliebt werden, Pferdebalsam, Freundschaft, ein Kamin, ein Wärmekissen, ein Schnaps, ein unerwartetes Lächeln, ein Zuhause, auf das man sich freut, eine Strickjacke, eine Trauerfeier, auf dem Sofa mit dem oder der Liebsten kuscheln, ein Whirlpool, Vergebung, ein heißer Kakao, Lebkuchen, Paddington, Kuschelpartys, einen toten Vogel anständig begraben, eine Sitzheizung im Auto, dankbar sein, Katzenfotos, ein warmes Schaumbad, ein Essen bei Kerzenschein im Winter, ein Erntedankgottesdienst, Puddingsuppe, in der Metro einen Platz angeboten zu bekommen, von einem Kind etwas geschenkt bekommen, Kuschelrock-CDs, „Die Schöne und das Biest" im Theater oder Kino, Gratisumarmungen von Fremden, eine Thermosflasche mit Punsch, einen Heiratsantrag bekommen, Übungen zum Entwickeln von Mitgefühl, eine Solaranlage auf dem Dach, einen Tag in Ahvaz, in die Biosauna gehen.

Erste Hilfe bei Liebeskummer

1. Bewegung
Möglichst oft und möglichst viel. Bewegung wirkt nachgewiesenerweise wie ein Antidepressivum.

2. Ein geregelter Tagesablauf
In Krisenzeiten ist es gut, Routinen ausführen zu können. Das gibt Sicherheit und neues Selbstvertrauen.

3. Etwas Esoterisches, das nicht schadet
Die Frage nach dem Sinn des Lebens stellen und beantworten, Pendeln, zu einer Wahrsagerin gehen, eine Reiki-Massage, Channelling, Aromatherapie, Bachblüten.

4. Neue Beschäftigungen
Endlich das tun, was in der Beziehung nicht möglich war. Wenn sich eine Tür schließt, öffnen sich andere.

5. Arbeiten: für den Job, Handwerken, neue Projekte angehen.

6. Alte Freunde anrufen und schauen, ob es noch Freunde sind.

7. Sich dazu zwingen, **etwas alleine zu unternehmen**, um zu erleben, dass es geht und gar nicht so schlecht ist.

8. Kunst erleben
Wer beim Ballett Henry VIII den Tänzerinnen beim Sterben zugesehen hat, für den relativiert sich das eigene Leid erheblich. Aber: kein Kitsch, keine Schlager, keine Betäubung mit Serien oder Thrill-Literatur.

9. Kunst schaffen, Kunst schaffen bedeutet Selbstbegegnung, Selbstverwirklichung und Transformation aller Schatten und Ärgernisse. Es ist der Königsweg der Bewältigung.

10. Verreisen, egal, ob alleine oder mit einer Gruppe, es ist immer gut, um Abstand zu gewinnen, das Leben neu zu ordnen, selbst wenn es nur für einen Tag und eine Nacht ist.

11. Reflektieren und neu beginnen
Eine kurze Weile sich selber kritisch hinterfragen, was man selber zum Scheitern der Beziehung beigetragen hat und konstruktiv damit umgehen. Dann die Beziehung abschließen und alles vermeiden, was an die alte Beziehung erinnert.

11. Flirten
Eine neue Liebe ist wie ein neues Leben.

Eine gute Liebesbeziehung führen

1. Sich selber lieben, achten und sich treu bleiben.

2. Offen sein für Neues. Interesse zeigen und haben.

3. Den Partner nicht als Bedürfnisbefriedigungsinstrument betrachten.

4. Dem Wunsch widerstehen, den Partner zu verändern. Der Anteil an nichtveränderbaren Unstimmigkeiten liegt bei 69%.

5. Gemeinsam Highlights erleben.

6. Die beiden effektivsten Gesprächstechniken beherrschen: Aktives Zuhören und Ich-Botschaften senden.

7. Keine faulen Kompromisse eingehen.

8. Überwiegend ehrlich sein, aber nicht vollkommen offen. Es darf Privates geben.

9. Das Beste im anderen sehen. Eher das Potenzial wahrnehmen und darauf reagieren.

Womit man Gefühle nicht regulieren sollte:

1. Alkohol
2. Sex
3. Essen
4. Medienkonsum
5. Medikamente
6. Andere Drogen
7. Gewalt (alle Formen)
8. Nichtstun
9. Sich selber Schmerzen zufügen

Womit man Gefühle regulieren könnte:

1. Sport
2. Sich aufrecht hinstellen und Lächeln
3. Gespräche mit einem Freund oder einer Freundin
4. Mit Sonnenbrillen, die farbige Gläser haben
5. In den Wald oder ans Meer gehen
6. Nachts in den Himmel starren
7. Meditieren
8. Etwas von Eckhard Tolle lesen
9. Ein Haustier streicheln
10 Zum Frisör gehen
11. Sich ablenken

Love Side Effects
Nebenwirkungen von Liebesbeziehungen

1. Energiemangel

2. Männer leben länger, Frauen sterben früher (die Frage ist, was besser ist)

3. Aktivitäten reduzieren sich

4. Kontakte reduzieren sich

5. Gewichtszunahme

6. Abnahme der geistigen Leistungsfähigkeit bzw. –freudigkeit

7. Die Gefahr in traditionelle Rollenbilder abzudriften, besonders für Frauen

8. Spätestens nach 7 Jahren gibt es keinen Sex mehr, in der Regel macht er maximal 3 Jahre beiden Spaß

9. Die Werte für Verträglichkeit verringern sich

Dinge, die überschätzt werden

1. Ein Kamin
2. Sex am Strand
3. Sex im Auto
4. Eigene Kinder zu haben
5. Porsche-Cabrio fahren
6. Berlin
7. Handelsabkommen
8. Gesamtkonferenzen
9. Teamarbeit
10. Home-Office
11. Untreue
12. Treue
13. Zu Heiraten
14. Viel Geld verdienen
15. Butter
16 Mit einem VW-Bus durch Europa reisen
17. Heimat
18. Großstädte
19. Sich selber in Bezug auf: Autofahren, gut im Bett sein und gesund leben

Liebe auf fernöstlich

Unser Sexualverhalten ist stark vom westlichen Lebensstil geprägt und folgt oft der olympischen Devise: Citius, altius, fortius: schneller, höher, stärker. Der Sex ist orgasmusfixiert und beide Partner arbeiten darauf hin, als wäre dies das einzige Ziel der Vereinigung. Eine grundsätzlich andere Herangehensweise bieten fernöstliche Liebestechniken. Sie sind ganzheitlich orientiert, und integraler Bestandteil des Lebens, auf den es sich vorzubereiten und den es zu zelebrieren gilt. Es geht um Bewusstheit, Achtsamkeit, dem Schaffen von Harmonie und um geistiges Wachstum.

Tao
Taoismus bedeutet so viel wie „Lehre des Weges". Das Ziel vieler komplexer Techniken ist die Integration von Yin und Yang und das Qi, eine spezielle Form der Energie, zu stärken. Energie entsteht durch sexuelle Lust, geht aber durch den Samenerguss verloren. Durch das Erleben von Orgasmen ohne Ejakulation, bleibt die Energie beim Mann. Diese Technik zu erlernen, ist nicht ganz leicht, aber nachhaltig. Die Frau gibt während des Geschlechtsaktes Yin-Energie ab und fühlt sich hinterher entsprechend fit.

Zen-Sex
Zen bedeutet so viel wie Versenkung. Aufmerksamkeit ist ein wesentliches Element der Lehre. So soll man sich so weit wie möglich auf den Augenblick fokussieren. Situationen werden einfach nur wahrgenommen, ohne sie gedanklich zu kommentieren oder zu bewerten. Entsprechend taucht man beim Zen-Sex vollkommen in das Erlebnis ein und hört konsequent auf zu

denken, ist aber gleichzeitig achtsam. Im Mittelpunkt steht das achtsame Erkunden der eigenen Person sowie der Persönlichkeit des Partners, als sinnliches Erlebnis. Der Weg ist das Ziel. Ein weiterer wichtiger Aspekt ist das Annehmen. Man nimmt sich selber und den Partner so an, wie er oder sie ist, was einschließt, nichts vom anderen zu erwarten, sich frei zu machen von eigenen oder fremden Schemata, ohne Situationen oder Gefühle zwanghaft bewerten oder verändern zu wollen.

Tantra
Tantra ist ein Teilgebiet des Hinduismus, später des Buddhismus. Hauptsächlich geht es beim Tantra um göttliche Energie oder Schöpfungskraft. Beim traditionellen Tantra geht es nicht vordergründig um das Ausleben der eigenen Sexualität, sondern sie ist in Rituale eingebettet. Das Tantra beschreibt für eine entwickelte, bewusste Sexualität eine Reihe von Übungen für Männer und Frauen, die überwiegend die Muskulatur der Geschlechtsorgane stärken sollen.
Ein Ritual etwa beginnt mit einem Bad im kühlen Wasser, dann folgen Streck- und Dehnübungen, eine Meditation, die Frau rechts vom Mann sitzend, im Hintergrund ist Musik zu hören. Das Liebesspiel wird mit Massagen fortgeführt, in einer bestimmten Reihenfolge, von Mantras und Visualisierungen begleitet und schließlich kommt es zur Vereinigung mit einem Wechsel von Ruhe und Bewegung. Stets stehen Getränke, Obst und Süßigkeiten bereit.

Kamasutra

Das Kamasutra ist das älteste überlieferte hinduistische Lehrbuch der erotischen Liebe. „Kama" bedeutet Verlangen, ist aber auch die Bezeichnung des Liebesgottes. „Sutra", ist die Bezeichnung altindischer (seriöser) Lehrtexte. Neben einer Anleitung für das erotisch-sexuelle Verhalten mit detaillierten Bildern sich liebender Paare enthält es eine große Anzahl von Regeln und Lebensweisheiten. Obgleich Frauen und Männer im Liebesspiel gleichermaßen Genuss und Erfüllung finden sollen, empfiehlt das Kamasutra dennoch, sich nach dem Verlangen der Frau zu richten. Die weibliche Sexualität ist komplizierter und die Erregungskurven von ihr verlaufen anders. Nur eine sexuell befriedigte Frau hat die Lust und das Interesse, dauerhaft einen Mann zu befriedigen. Dazu gibt es konkrete Beschreibungen von Stellungen und Variationen von Maß, Begehren und Zeitdauer, was genaue Beschreibungen über Küsse, Bisse, Schläge einschließt. Vor blinder Wollust wird gewarnt. Bewusstheit, (Selbst-)Kontrolle und Aufmerksamkeit sind trotz aller Sinnlichkeit wichtiger Bestandteil. Im Kamasutra wird davon ausgegangen, dass ein durchbluteter Leib durch Bewegung und Flexibilität zu mehr Lustempfinden gelangen kann, besonders im Beckenbereich. Wer Kamasutra-Stellungen lustvoll erleben will, sollte sich also nicht vor körperlichen Anstrengungen scheuen.

Liebesbriefe schreiben leicht gemacht

Liebesbriefe zu schreiben, ist eine wunderbare Art, seine Gefühle zu erklären, und sie können der oder dem Geliebten eine echte Freude bereiten. Meist haben sie drei Komponenten, die einzeln oder kombiniert verwendet werden können:

1. Beschreibung der eigenen Gefühle
Winston Churchill schrieb an Clementine Churchill:
„Deine Liebenswürdigkeit und Schönheit haben meinem Leben Glanz geschenkt."
Anais Nin an Henry Miller:
„Für eine Nacht mit dir würde ich mein Leben fortwerfen, hunderte Menschen opfern, ich würde Louveciennes niederbrennen, wäre zu allem fähig."

2. Beschreibung der geliebten Person
Frida Kahlo an Nickolas Muray:
„ … Du fehlst mir mit den kleinsten Regungen deines Wesens, deiner Stimme, deiner Augen, deiner Hand, mit deinem schönen Mund, deinem offenen und freien Lachen. Du! …"

3. Wünsche oder Versprechen
König Heinrich IV. von Frankreich schrieb an Gabrielle d'Estrees:
"Honor with your presence the man who, if only he were free, would go a thousand miles to throw himself at your feet and never move from there."

Die besten Gefühle

1. Ein Sonnenbad

2. Ein Bad im Meer

3. Der zarte Schweißfilm, der sich beim Joggen bildet

4. Ganz leicht über Pferdenüstern streichen

5. Eine Mutprobe bestehen

6. Einem Orchester zuhören

7. Sich eins fühlen mit der Welt

8. Auf der dritten Ebene des Eifelturms stehen und spüren, wie er leicht schwankt

9. Geschwindigkeitsrausch im Auto, der Achterbahn oder einer Motoryacht

10. Eine Dosis Heroin

Sternzeichen, die miteinander harmonieren

Waage mit Zwilling oder Wassermann
Fische mit Skorpion oder Krebs
Schütze mit Widder oder Wassermann
Steinbock mit Skorpion oder Jungfrau
Stier mit Krebs oder Fische
Widder mit Löwe oder Schütze
Krebs mit Skorpion oder Jungfrau
Wassermann mit Waage oder Zwilling
Jungfrau mit Krebs oder Skorpion
Skorpion mit Krebs oder Jungfrau
Zwilling mit Wassermann oder Waage
Löwe mit Schütze oder Widder

Luftzeichen: Waage, Wassermann, Zwilling (kreativ, verträumt, realitätsfern).
Feuerzeichen: Widder, Löwe und Schütze (impulsiv, unkontrolliert, leidenschaftlich).
Wasserzeichen: Krebs, Skorpion und Fische (emotional, hypersensibel, intuitiv).
Erdzeichen: Stier, Jungfrau und Steinbock (bodenständig, langweilig, spießig).

Body-Mind-Balancing

1. Eine Außentemperatur, die subjektiv nicht zu spüren ist

2. Ein unauffälliges Sättigungsgefühl

3. Ein Gespräch voller Freiheit und Zuneigung

4. Interessante geistige, lösbare Herausforderungen

5. Kleidung, die nur ein wenig stützt und von der man sonst nichts spürt

6. Ein leichtes Bewegungstraining

7. Eine halbe Stunde nach dem Sex, wenn sich wieder etwas Lust regt

8. Ausgeschlafen sein

9. Kurz nach der Hälfte einer kreativen oder handwerklichen Arbeit

Zwölf Tipps für Menschen mit einer chronischen Erkrankung

1. Mach Dich schlau
Lerne Dich und Deine Erkrankung gründlich kennen. Hole Dir Informationen aus verschiedensten Quellen zu Deiner Erkrankung und sei dabei stets kritisch. Werde kompetenter Kenner.

2. Behalte die Verantwortung
Es ist dein Körper, deine Gesundheit, dein Leben. Niemand außer Dir hat das Recht, über Dich zu bestimmen. Alle anderen sind Ratgeber, aber Du behältst die Entscheidungssouveränität.

3. Lerne Dich kennen
Jeder Mensch ist einmalig und jede Erkrankung ist es auch. Jede Erkrankung entstand aus einem Mix individueller Ursachen und jede Therapie wirkt bei jedem Menschen anders. Wenn man sich selber kennt, den physischen, psychischen und geistigen Hintergrund seiner Erkrankung, kann man wirkungsvolle Therapien finden.

4. Stärke Dich
Tu alles, um Dich auf allen Ebenen zu stärken. Stärke Deinen Geist und Deinen Körper und heile Deine Seele. Trainiere Deine Kräfte und bleibe autonom.

5. Beobachte Dich
Das Leben und die Krankheit sind in stetiger Veränderung. Niemals gibt es einen Stillstand. Immer ist das subjektive Befinden etwas schlechter oder etwas besser und der objektive Status geht etwas mehr zur Gesundheit oder etwas mehr zur Krankheit. Durch die genaue Beobachtung lassen sich Wege zur Gesundheit erschließen.

6. Liebe Dich
Tu Dir Gutes. Geh mit deinem Körper, deiner Seele und deinem Geist sorgsam und respektvoll um. Behandle Dich selber stets mit Freundlichkeit und Dankbarkeit. Richte Deine Aufmerksamkeit immer wieder auf das Gute, auf all das, was gut funktioniert, auf das, was Du kannst.

7. Ernähre Dich erstklassig
Ein geschwächter Körper braucht die beste Ernährung, die zu finden ist: Frisches Obst und Gemüse in bester Bioqualität, Vollkornprodukte, Hülsenfrüchte, etwas Olivenöl, Wasser und kaum etwas anderes.

8. Bewege Dich
Sowohl für den Körper, als auch für die Psyche hat Bewegung eine wunderbare Wirkung. Jeden Tag Bewegung an der frischen Luft ist eines der einfachsten und effektivsten Mittel zur Gesundheit.

9. Entspanne Dich
Bewusstes tägliches Entspannen und ausreichender Schlaf, besser ohne medikamentöse Hilfe, unterstützen Gesundungsprozesse. Befreie Dich von Stress aller Art.

10. Beweise Dir, dass Du leben willst
Überlege Dir gute Gründe, warum Du leben willst und was Du mit Deinem Leben anfangen möchtest. Beweise Dir Deine guten Gründe, indem Du damit beginnst, an ihrer Realisierung zu arbeiten.

11. Verändere Dich
Krankheit bedeutet auf physischer, geistiger und psychischer Ebene oft, dass etwas nicht richtig gelaufen ist. Um zur Gesundheit zu kommen muss man sich verändern.

12. Gestalte Dein Leben
Sei es Dir wert, Dein Leben nach Deinen Vorstellungen zu gestalten. Tu, was immer Du dafür tun musst. Und genieße es.

Erziehung von Kindern leicht gemacht

1. Für die eigene Zufriedenheit sorgen.

2. Kinder als eigenständige Person akzeptieren.

3. Niemals auf der körperlicher Ebene bestrafen oder belohnen (Schläge, Hausarrest, nicht mit Süßigkeiten belohnen).

4. Feinfühlig auf die Bedürfnisse des Kindes reagieren.

5. Niemals auf der seelischen Ebene bestrafen (Beleidigen, Anschreien, entwürdigende Maßnahmen, kein „stiller Stuhl", kein Liebesentzug, keine emotionale Erpressung).

6. Lob und Tadel immer auf der Verhaltensebene formulieren, niemals auf der Persönlichkeitsebene.

7. So agieren, dass eine Bestrafung unnötig ist. Agieren, bevor das Kind Anlass zur Bestrafung geben könnte.

8. Schöne Zeit mit dem Kind verbringen, ohne Medienkonsum.

9. Kinder mitentscheiden lassen.

10. Selbstwirksamkeit ermöglichen.
(Dem Kind Handlungen ermöglichen, in denen es erfährt, dass diese eine Wirkung haben).

11. Kinder sensibel in Geduld üben
(ein Nebeneffekt des Marshmallow-Testes: Je länger die Kinder warten konnten, desto besser waren später die Kompetenzen im sozialen und schulischem Bereich und sie konnten gut mit Frustrationen umgehen).

12. Nach Möglichkeit gemeinsam Regeln für das Zusammenleben aufstellen und hier Vorbild sein.

13. Dem Kind gegenüber kindgerecht offen und ehrlich sein.

14. Dem Kind zeigen, wie man sich freundlich, hilfsbereit, fair und verantwortlich gegenüber anderen Menschen und sich selber verhält.

Erziehung von Hunden leicht gemacht

1. Für die eigene Zufriedenheit sorgen.

2. Hunde als eigenständige Persönlichkeit akzeptieren.

3. Niemals auf der körperlichen Ebene bestrafen oder Dauerbelohnen (Schläge, Hausarrest, nicht für alles Mögliche ständig Süßigkeiten als Belohnung verabreichen).

4. Feinfühlig auf die Bedürfnisse des Hundes reagieren.

5. Niemals auf der seelischen Ebene bestrafen (Beleidigen, Anschreien, entwürdigende Maßnahmen, kein Liebesentzug, keine emotionale Erpressung).

6. „Unearned fishes" vergeben. Ein liebes Wort, eine kleine Leckerei, ganz ohne Grund und Anlass zur Beziehungspflege.

7. Vorausschauendes Denken und Handeln, so dass eine Bestrafung unnötig ist. Agieren, bevor der Hund Anlass zur Bestrafung geben könnte.

8. Schöne Zeit mit dem Hund verbringen mit und ohne Medienkonsum.

Was kühlt

Ein Planschbecken auf der Terrasse, Jeans in den Kühlschrank legen, Eiswürfel in der Unterhose, unter einen Rasensprenger durchlaufen, Wadenwickel, Menthol, mit einem Cabrio schneller als 60 km/h fahren, Eisspray, Besuch in der Familiengruft, sich nach dem Schwimmen in den Wind stellen, wenn der Partner nach einem anderen Menschen riecht, die Klimaanlage im Büro, Aloe-Vera-Creme, Löwenzahn, ein Kühlhaus, Rebecca von Alfred Hitchcock, Wassermelone, Schweiß, Kanutour in Grönland, einen erstarrten Wasserfall erklimmen, gemobbt zu werden, in Finnland aus einem gläsernen Iglu die Polarlichter beobachten, im Sommer mit dem ICE fahren, eine Kaltflasche, ein nasskaltes Tuch vor den Ventilator hängen, Vorhänge mit Minzwasser besprühen, das Stanford-Prison-Experiment, eine Fahrt mit der Wasserrutsche auf dem Oktoberfest, Whisky on the Rocks, Tatortfolge 370, Crash-Eis, eine Nacht in Jakutsk, kalte Gurken-Melonen-Suppe, sitzen gelassen zu werden, gefrorene Wasserbomben, das Eisfestival in Harbin besuchen, als Eisverkäufer jobben, Shining von Steven King lesen, sehen oder hören, ein niedriger Blutdruck, Kryolipolyse, Kaltakquise, eine große Portion Spaghettieis, Fertigmachsprüche, Schüttelfrost, Arroganz, flüssiger Stickstoff, einen halben Liter kaltes Wasser trinken, eine defekte Heizung im Auto, die Füße der Freundin, Schlafmangel, unsportlich sein, ein Joghurt mit Ananas, Blaugrün, Ultramarinblau, Cyanblau, Eiswürfel in der Sauna, Das kalte Herz von Wilhelm Hauff, kalter Schweiß, Eiskaffee, erfahren, dass der Partner ein Doppelleben führt, abserviert werden, der Werner-Film, Ostwind, ein Besuch im Klimahaus in Bremerhaven, Schlittschuhlaufen gehen.

Was Frauen nicht tun sollten

1. Sex für Geld machen.
2. Sex zu machen, weil sie nicht „Nein" sagen möchten oder können.
3. Aus Bequemlichkeit die Hilfe eines Mannes in Anspruch nehmen.
4. Sich ständig aus den Augen eines Mannes wahrnehmen.
5. Sich rechtfertigen: nicht für das eigene Handeln, nicht für das Aussehen, nicht für Entscheidungen. Es macht alles nur schlimmer.
6. Fussel aus der Kleidung von anderen Leuten klauben.
7. Dem Partner sagen, wie er zu leben hat.
8. Über andere Frauen lästern. Solidarisches Verhalten wird allen guttun.
9. High Heels tragen.
10. Sich respektlos behandeln lassen.
11. Sich mit anderen Frauen vergleichen.
12. Eine kurzfristige Diät machen.
13. Sich beschützen lassen.
14. Keine Haushaltstätigkeiten entgegen Absprachen übernehmen, selbst wenn das teure Porzellan dabei zu Bruch geht.
15. Sich beim Sex filmen (lassen).
16. Eifersüchtig sein.
17. Zu viel Geld für Kleidung ausgeben und zu wenig für Bildung.
18. Absichtlich schwanger werden, ohne den Vater in die Entscheidung einbezogen zu haben, oder einem Mann ein Kuckuckskind unterjubeln.
19. Einen Orgasmus vortäuschen.
20. Das eigene Sexappeal dafür nutzen, Gefälligkeiten zu erhalten.
21. Die eigenen Kinder psychisch unter Druck setzen.
22. Andere Menschen für die eigenen Gefühle verantwortlich machen.

Was Frauen tun sollten

1. Doppelt so viel Wert auf Gesundheit als auf Schönheit legen.
2. Unabhängig sein (finanziell und emotional). Das ist die beste Präventionsmaßnahme gegen (häusliche) Gewalt.
3. Das Selbstbewusstsein stärken.
4. Zumindest einmal im Leben: Eine Lampe selbstständig angebracht haben, einen Orgasmus mit einem Vibrator bekommen haben, alleine in den Urlaub gefahren sein, alleine Silvester verbracht zu haben (ohne zu heulen).
5. Ab und zu locker sein: dreckiges Geschirr liegen lassen, ungeschminkt vor die Tür treten, nicht kochen, sondern zum Essen einladen.
6. Souverän mit Spinnen umgehen (einfangen und hinaustragen).
7. Das gleiche Gehalt wie die männlichen Kollegen fordern.
8. Den ersten Schritt machen.
9. Komplimente mit einem schlichen „Danke" und einem Lächeln annehmen.
10. Eigenverantwortlich handeln.
11. Ein klares „Ja" oder ein klares „Nein" äußern.
12. Auf gerechtes Bezahlen achten, sich nicht einseitig einladen lassen oder einladen.
13. Entscheidungen anderer Menschen akzeptieren.
14. Bei einer Trennung fair bleiben und anerkennen, dass der Vater das Recht hat, seine Kinder zu sehen.
15. Die guten Jungs lieben, nicht die bösen.
16. Andere Frauen unterstützen.
17. Sich über hormonelle Einflüsse erheben.
18. Sich dazu bekennen, ein autonomes sexuelles Wesen zu sein.
19. Niemanden pflegen, wenn man es nicht wirklich will.

Religiöse Wege zum Glück

Christentum:
1. Beten, 2. Nächstenliebe, 3. Gemeinsam singen. Vollkommenes Glück gibt es erst nach dem Tod.

Buddhismus
1. Meditieren, 2. Anderen kein Leid zufügen, eigenes Leid überwinden, 3. Sich distanzieren, bis man nichts mehr spürt, 4. Erleuchtet sein.

Islam
1. Ziemlich häufig beten, 2. Ins Paradies zu kommen (postmortal), 3. Sich nicht zu Schlechtem verleiten lassen (sich von Leidenschaften fernhalten, maßvoll leben), 4. Ein Leben basierend auf Gottesfurcht, Würde und Ansehen.

Judentum
1. Beten, 2. Ein gutes Leben führen, 3. Häufiges Aussprechen von Segenssprüchen, 4. Sabbat halten. Glück ist ein Geschenk von Gott.

Hinduismus
1. Meditieren und/oder Yoga machen, 2. Das menschliche Leben verlassen, nicht mehr wiedergeborenwerden, 3. Singen, Pilgern und Verzichten, 4. Die selbstlose Tat.

Weltliche Wege zum Glück

1. Ein Tropfen Chanel Nr. 5

2. Auf einen ziemlich hohen Berg klettern und von dort hinunterschauen

3. Sex

4. Eine Nacht im Fünf-Sterne-Hotel verbringen

5. Einen Sonnenuntergang am Meer betrachten

6. Von einen Tier geliebt werden

7. Etwas Sinnvolles tun, zum Beispiel anderen helfen

8. Sehr selten ein Stück sehr gute Schokolade essen (macht man dies öfter, gibt es zwar auch gute Gefühle, aber kein Glück, dafür aber Nebenwirkungen)

9. Religiös sein (gläubige Menschen sind mit ihrem Leben zufriedener und kommen leichter mit Schocks zurecht)

10. Die Überzeugung, sein Leben und sein Glück selbst in der Hand zu haben

11. Gemeinsam singen

Meine Löffelliste

- Eine Party als letztes verlassen, weil man sich so hervorragend amüsiert

- Ein Wochenende ganz alleine verbringen, ohne die großen Ablenker: Fernseher, Freunde, Bücher, Computer, Internet, Hausputz

- Einen konstruktiven Streit führen, ohne Gemeinheiten auszuteilen und nach kommunikationspsychologischen Regeln

- Alleine ausgehen, ganz gleich, ob ins Kino, zum Tanzen oder auf eine Party

- Verzeihen können, auch große, wichtige unverzeihbare Dinge

- Die Steuererklärung schnellstens erledigen

- Jemandem völlig selbstlos etwas schenken

- Sich selbst befriedigen. Dazu gehört es, zu wissen, welche Berührungen und Fantasien einem Lust machen

- Einen aktuellen psychologischen Ratgeber lesen und verstehen können

- Ein gesundes Essen für Freunde kochen

- Einem Freund oder einer Freundin psychische erste Hilfe geben können

- Sich selber mit jeweils fünf Stärken und Schwächen charakterisieren können

- Einen Witz erzählen können

- Die Termine kommender Bundestags- und Landtagswahlen, der Olympiade und Fußballweltmeisterschaft im Kopf haben

- Einen fremden Menschen zu einen Drink einladen

- Ein Bild aufhängen

- Wissen, was ein Liter Milch kostet

- Für eine bestimmte Zeit Verantwortung für jemanden anders übernehmen: ein Kind, ein krankes Tier ...

- Sex mit dem Ex

- Eine großartige Reise machen

- Im Meer schwimmen

- Auf ein Massen-Event gehen

Was man tun kann, wenn Kleinkinder sich im Supermarkt auf den Boden werfen und schreien

1. Atemübungen machen, sich selber entstressen. Das Verhalten des Kindes steht maßgeblich im Zusammenhang mit dem Stress-Level des Erwachsenen.
2. Sich auf keine Machtkämpfe einlassen.
3. Dem Kind Verständnis signalisieren, es ernst nehmen, die Gefühle verbal spiegeln.
4. Dem Kind signalisieren, wie gern man es hat, auch wenn man mit dem gegenwärtigen Verhalten nicht einverstanden ist.
5. Freundlich die eigene Position erläutern.
6. Einen Kompromiss finden, der beiden so wenig wie möglich wehtut.
7. Sich für dieses Prozedere Zeit nehmen. Dann ist es nachhaltig und spart am Ende Zeit.

Besser ist jedoch Prävention:

1. Das Kind in seinen Autonomiebestrebungen grundsätzlich anerkennen.
2. Dem Kind eigene Wünsche zubilligen.
3. Das Kind in die Planung und Durchführung des Einkaufs mit einbeziehen.
4. Vor dem Einkauf Absprachen treffen, was sich das Kind aussuchen darf.
5. Für eine eigene entspannte Grundstimmung sorgen.

Mit Pierre Bourdieu das Milieu bestimmen.

Woher haben Sie Ihre Möbel?
Kaufhaus, Antiquitätenhändler, Fachgeschäft, Handwerker, Flohmarkt, Versteigerung, geerbt, gemietet.

Obere Klassen: Antiquitätenhandel, geerbt, Fachgeschäft.
Mittelklassen: Fachgeschäft.
Untere Klassen: Kaufhaus

Wie würden Sie Ihre Wohnung am liebsten einrichten?
Sauber und ordentlich, komfortabel, stilvoll, nüchtern und diskret, warm, pflegeleicht, klassisch, harmonisch, gepflegt, fantasievoll, praktisch und funktional, intim.

Obere Klassen: harmonisch, intim.
Mittelklassen: harmonisch, sauber und ordentlich.
Untere Klassen: pflegeleicht, sauber und ordentlich.

Bei welchen der folgenden Motive wird sich Ihrer Meinung nach am ehesten ein schönes Foto ergeben?
Landschaft, Autounfall, kleines Mädchen, das mit einer Katze spielt, eine Schwangere, Stillleben, eine Frau, die einen Säugling stillt, ein Stahlgerüst, streitende Clochards, Kohlköpfe, Sonnenuntergang am Meer, Weber an seinem Webstuhl, ein folkloristischer Tanz, ein Tauende, ein Metzgerstand, Baumrinde, ein berühmtes Monument, ein Verwundeter, eine Schlange, das Gemälde eines Meisters, Erstkommunion.

Obere Klassen: Sonnenuntergang, Stillende, Baumrinde
Mittelklassen: Sonnenuntergang, Mädchen mit Katze, Stillende.
Untere Klassen: Sonnenuntergang, Folkloristische Tänze, Mädchen mit Katze
(aus: Pierre Bourdieu, *Die feinen Unterschiede, 1979*).

Die Lieblingssongs meiner Doppelkopfrunde

Biene: **Jenseits von Afrika**, Soundtrack
Schimanski: Rag'n'Bone Man - **Human**
Bärchen: Joe Jackson - **Be My Number Two**
Emmy: Keimzeit - **Kling Klang**
Daisy: Shawn Mendes & Khalid – **Youth**
Nikolaus: Asa - **Preacher Man**
Manni: Alphaville - **Forever Young**
Klaudia: Bob Dylan- **Knockin' on Heaven's Door**
Max: Rod Stewart - **Young Turks**
Jo: Young MC - **Bust A Move**
Susanne: Sam Cooke - **What A Wonderful World**
Alois: Frank Sinatra - **My Way**
Manu: Rebecca Ferguson - **Teach Me How to Be Loved**
Betti: Placebo - **36 Degrees**
Hecki: Elvis Presley - **In the Ghetto**
Harald: Ronny: **Ännchen von Thurau**

Psychisch fit in die Zukunft

Die wichtigste Zukunftsschlüsselqualifikation ist nicht mehr Wissen, sondern es sind Eigenschaften der Persönlichkeit. Psychische Fitness ist ebenso wichtig wie körperliche Fitness ist und sie lässt sich genauso gut trainieren. Die Zukunft verlangt der menschlichen Psyche viel ab, doch sie schenkt auch die Verwirklichung interessanter Möglichkeiten.

1. Selbstdisziplin
meint eine 1:1 Umsetzung zwischen Planung und Realisierung in Bezug auf den eigenen persönlichen Einflussbereich. Sie stärkt die Selbstwirksamkeit, das Selbstbewusstsein, die Effektivität des eigenen Handelns, die Zuverlässigkeit für andere. Außerdem erhöht sie die Genussfähigkeit, weil diese nebenwirkungsfrei und bewusst ins Leben integriert wird.

2. Gedankenkontrolle
Das Denken bestimmt die Stimmung, die Stimmung die Handlungen, die Handlungen wiederum das Leben. Gedanken legen fest, wie man mit Chancen oder Problemen, Glücksmomenten oder Schicksalsschlägen umgeht. Mit der Potenzierung der Lebensmöglichkeiten ist die zur Verfügung stehende Zeit knapper geworden. Mit der Kontrolle der Gedanken können Ziele schneller erreicht und Rückschläge besser verkraftet werden Eine besonders angenehme Wirkung ist die innere Ruhe und Gelassenheit, die sich aus dieser Fähigkeit ergibt.

3. Ressourcenoptimierung

Zukünftige Aufgabenkomplexe sind häufig kompliziert und vielschichtig und machen den Einsatz verschiedener Ressourcen notwendig. Unter einer Ressource wird ein Hilfsmittel verstanden, um bestimmte Aufgaben zu bewältigen. Ressourcen können Fähigkeiten, Talente, Gedanken, Eigenschaften, Menschen, Orte, Gegenstände sein. Wer sich mit Wünschen, Zielen und Ressourcen beschäftigt, lässt damit automatisch seine Probleme hinter sich. Die Optimierung der Ressourcen meint deren permanente Verbesserung und deren Verfügbarkeit in jeder Situation.

4. Emotionale Elastizität

Die Schnelllebigkeit macht auch vor unserem Gefühlsleben nicht halt. Zwischenmenschliche Begegnungen werden zunehmend komprimiert. Die Intensität steigt bei einer gleichzeitigen Verringerung der Dauer. Es ist wichtig, dichte, freundlich tiefe Beziehungen im privaten oder beruflichen Umfeld aufzubauen und diese auch wieder zügig lösen zu können und in jeder Situation emotional angemessen zu reagieren. Auch wenn viele Emotionen natürlicherweise eher ein langsames Tempo haben, kann sich ein rascher Gefühlsaufbau oder -abbau und die Umwandlung von Gefühlen mit etwas Übung durchaus sinnvoll bewerkstelligen lassen.

5. Facettenreichtum

Jeder Mensch ist im positiven Sinn eine multiple Persönlichkeit. Die Anregungen, sich unterschiedlich darzustellen, kommen sowohl aus der Umwelt, als auch aus einem selbst. Vielschichtigkeit wird ergänzt durch ein aktives Hervorbringen unterschiedlicher Persönlichkeitsanteile. Die menschliche Individualität wird flüssig. Das verspricht mehr unterschiedliche Erlebnisse.

6. Inspirationsvermögen
Menschen und sich selber zu kreativem, eigenständigem handlungsrelevantem Denken zu ermutigen, sie oder sich selbst also zu inspirieren, Impulse zu bereichernden Veränderung zu geben, wird eine menschlich als auch finanziell lohnende Fähigkeit sein.

7. Human living
Humanismus bezeichnet das Bemühen um Menschlichkeit, um eine der Menschenwürde entsprechende Gestaltung des Lebens. Zukünftig wird dieser Gegentrend zur Ich-Zentriertheit der letzten Jahre noch zunehmen. Gutes und Sinnvolles zu tun, bewirkt eine Lebensqualitätsverbesserung bei anderen und Sinn- und Glücksgefühle bei einem selber. Den Planeten in einem besseren Zustand zu verlassen, als man ihn vorgefunden hat, könnte ein Ziel sein. Oder um kleiner zu denken: Jeden Abend mit einer positiven Bilanz schlafen gehen.

Dein Körper, ein Wunder, liebe ihn

Der menschliche Körper besteht zu 75% aus Wasser. Jede Stunde produziert der Körper 1 Millionen neue Zellen. 90% der Zellen werden einmal im Jahr ausgewechselt.

Das Herz wiegt etwa 300 Gramm. Es schlägt 60 - 80 Mal in der Minute und pumpt in dieser Zeit 5 bis 7 Liter Blut durch das 96.000 Kilometer lange Gefäßsystem. Pro Tag macht das eine Förderleistung von 15.000 Litern, bei 100.000 Herzschlägen. Das Blut fließt auch durch hauchdünne Kapillargefäße, die eine Gesamtlänge von 200.000 Kilometer ausmachen. Fast fünfmal könnte man diese Gefäße um den Erdball wickeln.

Die Lunge besteht aus 300 Millionen Lungenbläschen. Das macht eine Membranoberfläche von ungefähr 200 m². Für eine optimale Sauerstoffversorgung braucht ein Erwachsener in Ruhe 7 - 8 Liter Luft.

Durch die 10 Kilometer langen Nierenkanälchen fließen täglich 1500 Liter Blut. Die Niere bereitet daraus 1,5 Liter Harn, um Giftstoffe auszuscheiden.

Die Nervenzellen unseres Gehirns ergäben eine Länge von 100.000 km, würde man sie aneinander legen. Unser Gehirn kann Daten von 30 Millionen Gigabyte speichern.
Nervenimpulse können eine Geschwindigkeit bis zu 354 Kilometer in der Stunde haben.

Menschen sind in der Lage, 10.000 verschiedene Gerüche zu unterscheiden.

Fingerkuppen können Höhenunterschiede von einem hundertstel Millimeter wahrnehmen.

Jeder Quadratzentimeter Haut hat 6 Millionen Zellen, 25 Berührungspunkte, 13 Kälte-, 2 Wärmepunkte, 200 Schmerzpunkte, 15 Talgdrüsen, 100 Schweißdrüsen, 4 Meter Nervenfasern, 1 Meter Blutgefäße.

Der Mensch hat etwa 2580 Mal Sex im Leben. Bei einer Ejakulation treten 400 Millionen Spermien aus. Jedes hat den Bauplan für einen anderen Menschen.

Die auseinandergefalteten Schleimhäute des Dünn- und Dickdarms ergäben eine Fläche von 200 bis 400 Quadratmetern.

Kopfhaare wachsen pro Tag 0,2 bis 0,3 Millimeter. In einem ganzen Leben sind das 50 Meter.

Diese täglichen Wunder sind ein Grund mehr dafür, sorgsam mit unserem Körper umzugehen, die unglaublichen Leistungen mit guter Nahrung, ausreichend Bewegung und Ruhe zu unterstützen und ab und zu „Danke" zu sagen.

Psychisch fit in die Beziehung
Eine Beziehung wird stabiler sein, wenn die Protagonisten stabil sind. Folgende Hinweise können Zeichen von psychischer Instabilität sein:

1. Stop-and-Go-Verhalten: Personen, die mal mehr wollen, dann wieder weniger, sich verabreden, dann wieder absagen, kommen und gehen.

2. Eine problematische Kindheit.

3. Ein wenig ausbalanciertes Verhalten in Bezug auf: Essen, Genussmittel, Arbeit, Sex, Nähe und Distanz, Offenheit und Verschlossenheit.

4. Eifersucht.

5. Paradoxe Botschaften: Zum Beispiel: „Liebe mich, aber komm' mir nicht zu nah", „Kümmere Dich um mich, aber lass mir meine Selbstständigkeit".

6. Vorwürfe und/oder den anderen unter Druck setzen sich zu ändern.

7. Kontrollierendes Verhalten.

8. Jede Form von Gewalt (körperliche Gewalt, Anschreien, Ignorieren, Abwerten, Drohen, Beleidigen, Einschüchtern …).

9. Die Unfähigkeit Konflikte anzusprechen und zu klären.

10. Leben und Stimmung sind ausschließlich oder überhaupt nicht am Partner ausgerichtet.

Themen und Übungen für die Yoga-Stunde

Loslassen: Mandukasana (Frosch), Utthan Pristhasana (Eidechse), Ananda Balasana (Happy Baby).

Stabilität: Virabhadrasana 3 (Krieger 3), Vasistha (seitlicher Stütz), Kakasana (Krähe).

Festigkeit und Leichtigkeit: Vrksasana (Baum), Camatkarasana (Wild Thing), Dhanurasana (Bogen).

Erhabenheit: Bhujangasana (Kobra), Trikonasana (Dreieck), Svarga Dvijasana (Paradiesvogel).

Konzentration: Sirsasana (Kopfstand), Natarajasana (Tänzer), Dandayamana dhanurasana (stehende-Kopf-zu-Knie-Haltung).

Gleichgewicht: Ardha Chandrasana (Halbmond), Gurudasana (Adler), Parivrtta Hasta Padangusthasana (gedrehte-Hand-zu-Fuß-Position).

Freude: Dhanurasana (Bogen), Chakrasana (Rad), Anjaneyasana (Halbmond)

Gefühlsblockaden lösen: Kapotasana (Taube), Gomukhasana (Kuhgesicht), Malasana (Garland Pose).

Was tun gegen Grübeleien

1. Eine Entscheidung treffen. Grübler sind oft zu feige, eine Position klar zu beziehen. Meist ist es besser etwas Falsches zu machen, als gar nichts zu machen.

2. Handeln und aktiv sein. Aktivität im Tun zieht Aktivität im Denken nach sich.

3. Destruktives Grübeln in fruchtbares konstruktives Denken verwandeln. Dazu die dahinterstehende Absicht respektieren.

4. Zeiträume für das Grübeln oder die Ängste reservieren und alles dorthin verschieben und eine innere Stopptaste installieren, wie laut „Stopp" sagen oder ein Gummiband um das Handgelenk legen und sich bei Bedarf selber damit ein wenig wehtun, wenn Grübeleien außerhalb dieser Zeit stattfinden.

6. Sich auf das Positive konzentrieren, dankbar sein. Am besten dazu eine Liste schreiben.

7. Kompromisse mit sich selber aushandeln.

8. Eine Entspannungstechnik erlernen. Besser noch Meditieren.

9. Muster erkennen (wann wird besonders häufig gegrübelt) und Strategien im Vorfeld entwickeln.

10. Nur vor dem Spiegel grübeln.

Für den Fall, das nichts hilft, außer ein Engel

Metatron (Verbindung zu Gott), Michael (allumfassender Schutz), Gabriel (Barmherzigkeit), Jophiel (schöpferische Kraft), Raphael (Heilung), Ramaela (Freude), Mihr (Beziehungen), Israfel (Musik), Shushienae (Reinheit), Hadraniel (Liebe), Soqed Hozi (Partnerschaft), Paschar (Vision). Raziel (Wissen), Ongkanon (Kommunikation), Lofiel (Schönheit), Amitiel (Wahrheit), Zagzagel (Weisheit), Shekinah (Einheit), Charmiene (Harmonie), Remliel (Erwachen), Uzziel (Glauben), Sandalphon (Macht), Nisroc (Freiheit), Hamied (Wunder), Zacharel (Hingabe), Ananchel (Gnade), Anael (Sexualität), Phanuel (Hoffnung), Remiel (Barmherzigkeit), Kaeylarae (Frieden), Stamera (Vergebung), Cerviel (Mut).

... oder ein Dämon

Aesma (Zorn), Aetxe (Heimatlosigkeit), Agash (Krankheit), Ahriman (Täuschung), Aku Aku (Schrecken), Andhaka (Desinteresse), Apasmara (Verblendung), Asmodeus (Begierde), Bisterk Ding (Unheil auf See), Bushyasta (Faulheit), Ch'ih Yu (Krieg), Dialen (Unfug), Djinn (Gefahren in der Natur), Guede (Besessenheit), Hedammu (Chaos), Hiranyakashipu (Maßlosigkeit), Lilth (Selbstbewusstsein), Hu-Li (Geschlechtskrankheiten), Kieh (Dürre), Kisin (Erdbeben), Legba (Orgien), Luzifer (Eigensinn), Mammon (Habsucht), Mephistopheles (Verführer), Nybbas (Alpträume), Odei (Unwetter), Pazuzu (Südost-Sturmwind), Zarich (Alter).

Wie man sich von der Zuckersucht befreit

Laut der Weltgesundheitsorganisation sollte Zucker nicht mehr als 10 % der täglichen Energiemenge ausmachen. Kürzlich wurde sie auf 5 % korrigiert. Das entspricht 6 Teelöffeln Zucker. Also 25 Gramm, tatsächlich werden täglich 100 Gramm konsumiert.

1. Sich die Zuckersucht eingestehen. Mit Ehrlichkeit sich selbst gegenüber wird der Weg für Veränderung geebnet.

2. Blutzucker-Achterbahn fahren vermeiden. Durch den Konsum von viel Zucker auf einmal wird auch viel Insulin ausgeschüttet. Daraufhin sinkt der Blutzuckerspiel schnell und der Hunger ist auch schnell wieder da. Insbesondere ein Heißhunger auf Zucker. Regelmäßige Mahlzeiten mit Vollkornprodukten und mit vielfältigen Nähr- und Vitalstoffen heben den Blutzuckerspegel langsam an und später fällt er sanft wieder ab. Nicht nur Kohlenhydrate, auch Proteine erhöhen den Insulinspiegel. Pflanzliches Eiweiß ist besser als tierisches.

3. Lebensmittel mit hoher Nährstoffdichte essen. Das ist meist Gemüse, angeführt von grünem Blattgemüse. So ist man bestens versorgt und stets satt genug.

4. Keine Heißhungeranfälle provozieren. Wenn der Hunger groß ist, weil man lange nichts gegessen hat, ist kaum eine vernünftig geplante Mahlzeit möglich. Dann ist die Gefahr groß, kalorienreiches Essen einfach schnell in sich hineinzustopfen. Besser ist es, regelmäßig vernünftig zu essen.

5. Weder sich selber noch Kinder mit Zucker belohnen oder beruhigen. Zuckerkonsum darf nicht auch noch seelisch mit Wohlgefühlen einhergehen. Die Konditionierung ist schnell angelegt, aber schwer zu lösen.

6. Den Lebensstil gleich mit verändern. Insbesondere in Bezug auf Bewegung und Stress. Bewegung hebt das Selbstbewusstsein und stärkt das Feeling für Gesundheit. Gelassenheit hilft bei der Umstellung.

7. Zucker nicht als Ersatzbefriedigung zulassen. Essen sollte nur der Versorgung des Körpers dienen. Andere Bedürfnisse, wie das nach Liebe, sollten lieber direkt befriedigt und nicht mit Zucker ruhiggestellt werden.

8. Mit einem Plan klappt alles besser

9. Den natürlichen Geschmack von Lebensmitteln neu entdecken. Durch zu viel Zucker, Geschmacksverstärker und Salz schmecken natürliche Lebensmittel oft fade. Mit etwas Übung lässt sich der Prozess umkehren.

10. Zucker in Obst und Gemüse ist okay. Problematisch ist zugesetzter Zucker in Lebensmitteln und Getränken. Ein Glas Cola enthält mehr Zucker als man täglich zu sich nehmen sollte.

Weshalb man sich von einer Zuckersucht befreien sollte

Zucker ist eine Droge. Abhängigkeit ist immer ein Problem. Zucker macht schnell abhängig. Das schränkt die Freiheit und Möglichkeiten ein.

Zucker stört die Darmflora und schwächt damit das Immunsystem. Durch zu viel Zucker erhalten Darmpilze zu viel Nahrung, und sie vermehren sich deutlich Sie verlangen nach immer mehr Zucker und die nützlichen Bakterien werden zurückgedrängt.

Zucker täuscht Glück vor. Wer mehr echtes Glück erlebt, braucht weniger Zucker.

Wer viel Zucker in Essen oder Getränken zu sich nimmt, leidet fünf Jahre später häufiger unter Depressionen. Andersherum ist das nicht der Fall.

Etwa 1 Milliarde Menschen auf der Welt haben Übergewicht. Eine ähnliche Anzahl hungert oder hat Untergewicht.

Zu viel Zucker begünstigt Erkrankungen wie Diabetes und Herz-Kreislauf-Erkrankungen oder Krebs.

Übergewicht belastet die Wirbelsäule sowie die Gelenke und kann so Folgeerkrankungen verursachen.

Durch Stigmatisierungen haben Übergewichtige häufig ein geringeres Selbstwertgefühl.

Umgang mit cholerischen Chefs

1. Das Missfallen über unangemessenes Verhalten mit einer „Ich-Botschaft" klar und sofort **äußern**. Dabei ist es besonders hilfreich, einen ähnlichen Ton (Lautstärke (aber etwas leiser), Tonlage, Tempo) zu treffen wie der Chef und eine ähnliche Körperhaltung einzunehmen (stehen oder sitzen und was die Körperspannung betrifft). Dabei aber stets die Kontrolle über sich behalten.

2. Später im Vieraugengespräch versuchen **die Gründe** für das aufbrausende Verhalten versuchen **herauszufinden** (ebenfalls mit einer Ich-Botschaft) und Hilfe anbieten. Hier können auch die Folgen des Verhaltens für das Betriebsklima verdeutlicht werden.

3. Das Gespräch zusammen **mit anderen Kollegen** sowie dem Chef suchen und die Folgen seines Verhaltens deutlich machen. Zur Not mit Konsequenzen drohen.

4. Dritte einbeziehen: Den Chef vom Chef, eine Kammer oder einen Berufsverband oder Mediatoren.

Auf keinen Fall sollte inakzeptables Verhalten akzeptiert werden, indem nicht darauf reagiert wird. Es macht auf Dauer nur krank. Auch sollte der Job nicht gewechselt werden. Grundsätzlich müssen, sofern keine Lösung in Sicht ist, immer die Täter gehen und nicht die Opfer.

Wenn man selber ein cholerischer Chef ist

1. Ursachen finden, Lösungen ermitteln
Wer schnell zu Wutausbrüchen neigt, andere Menschen beleidigt, ständig unter Strom steht, nie zufrieden ist und das auch alles mehr oder weniger ungefiltert nach außen bringt, sollte sich grundsätzlich fragen, woran das liegt und sich darum bemühen, die Ursachen anzugehen. Manchmal mag es Druck von anderen Menschen oder Zwänge vor Ort geben, manchmal dient es auch dem Abbau von Druck, welcher sich anderweitig gebildet hat, manchmal kennt man keine besseren Verhaltensweisen, um Ziele zu erreichen, manchmal meint man, einfach so ein Typ zu sein.

In ruhigen Momenten können dann grundsätzliche Überlegungen angestellt werden: Den Job wechseln, einen Anti-Aggressionskurs belegen, eine Verhaltenstherapie beginnen, regelmäßig Sport machen, Meditation erlernen, das Privatleben in Ordnung bringen.

2. In der Situation
Auf erste Anzeichen achten und darauf reagieren: beschleunigter Herzschlag, erhöhte Muskelspannung und schnelleres Atmen. Aus der Situation gehen und sich beruhigen, etwa durch Ablenkung. Wasser trinken und Schaukeln tut auch gut.

Die eigenen Gefühle ernst nehmen. Bei Wut werden häufig wichtige Werte verletzt. Den Anlass analysieren und konstruktive Möglichkeiten ermitteln um damit umzugehen.

Unterstützung suchen und finden.

Nicht zu klärende Fragen

1. Ist es leichter zu lieben oder geliebt zu werden?
2. Gab es mich, bevor ich gezeugt wurde?
3. Haben wir einen freien Willen?
4. Können Computer die Nullstellen eines Polynoms finden?
5. Hat das Leben einen Sinn?
6. Ist Gott allmächtig und gut?
7. Ist weltweiter Frieden möglich?
8. Ist der Mensch schon ab der Zeugung ein Mensch?
9. Wann darf die Freiheit des Einzelnen begrenzt werden?
10. Wie viele Körner ergeben einen Haufen?
11. Gibt es Zufälle?
12. Ist Moral angeboren?
13. Darf man Tiere töten?
14. Was ist schlimmer, etwas nicht zu schaffen, oder es nie zu probieren?
15. Darf man einen Menschen töten, wenn dafür viele gerettet werden?
16. Mit welcher Geschwindigkeit breitet sich das Dunkel aus?
17. Was war zuerst da? Die Henne oder das Ei?
18. Wer ist schuld? Die Gene? Die Erziehung der Eltern? Die Person selber?
19. Was ist wichtiger als Spaß zu haben?
20. Ist ein Menschenleben mehr wert, als ein anderes?
21. Darf man Menschen oder Firmen betrügen, die selber betrogen haben?
22. Darf man für richtige Ziele falsche Mittel wählen?
23. Wann ist Gewalt legitim?
24. Ist es eine Welle oder ein Teilchen?
25. Woher können wir wissen, dass wir nicht gerade träumen?

Flirten mit den vier Elementen

Erd-Menschen
Der Erde-Typ ist ein bodenständiger Mensch. Er braucht Sicherheiten und liebt die alten Tugenden wie Ordnung, Fleiß und Pünktlichkeit. Das Tempo von Erdmenschen ist langsam, sie mögen Routinen. Um einen Erdmenschen für sich einzunehmen ist es wichtig, Bodenständigkeit zu demonstrieren. Eine bereinigte, möglichst normale Lebensgeschichte wird mehr beeindrucken als eine Vergangenheit voller Sensationen. Zeit, Geduld, Wärme und Geborgenheit sind wichtige Eigenschaften, um diesen Menschen einen Rahmen zu liefern, sich zu entfalten und Vertrauen zu entwickeln. Sex machen sie am liebsten in einer warmen, dunklen Höhle, alternativ in überheizten, schummrigen Schlafzimmern oder vor dem Kamin.

Feuer-Menschen
Feuer steht für Energie, Licht und Veränderung. Es sind dynamische, impulsive, temperamentvolle Menschen, die immer etwas zu tun haben, schnelle Aktionen lieben und mit Feuer und Flamme dabei sind. Sie sind allem Neuen gegenüber aufgeschlossen, gehen gerne Risiken ein, mögen ungewöhnliche Orte und Menschen, die sie am liebsten zu außergewöhnlichen Zeiten treffen. Für Feuermenschen sind Freizeitbeschäftigungen, bei denen sie aktiv sein können, das Richtige. Allgemein kann ein schnelles Tempo eingeschlagen werden. Nur außergewöhnliche Geschichten können ihr Interesse wecken. Sex muss aufregend, spontan, schnell und leidenschaftlich sein. Auch hier sind sie experimentierfreudig, lieben ungewöhnliche Orte und starke Reize.

Wasser-Menschen
Natürlichkeit, Lebendigkeit und Flexibilität sind Charakteristika der Wassermenschen. Sie sind voller Emotionen. Es sind friedliebende Wesen, die lieber nachgeben als einen Konflikt austragen, lieber mit charmanten Flunkereien kommunizieren als blanke Wahrheiten aussprechen und sich mit Allem und Jeden verbunden fühlen. Für ein Treffen sollte eine harmonische Umgebung ausgewählt werden. Es hilft, Gemeinsamkeiten zu betonen. Das Gespräch sollte ruhig wie ein kleiner Bach vor sich hin plätschern. Bevor jemand mit einem Wasser-Menschen ins Bett gehen will, sollte er ein Vorspiel von rund einer Stunde einplanen, für das Nachspiel die doppelte Zeit veranschlagen und daran denken, dass es beim Sex für den Wasser-Menschen um den Ausdruck von Liebe oder zumindest starker Zuneigung geht.. Ein bis zwei konfliktlose Tage zuvor sind ebenfalls unbedingt notwendig.

Luft-Menschen
Das Luftzeichen steht für den Intellekt des Menschen, für Ideenreichtum und Spiritualität. Für Luftmenschen sind Denken, Reden und Lernen die wichtigsten Beschäftigungen im Leben. Da sich Luftmenschen selbst für außergewöhnlich halten, lehnen sie alles Gewöhnliche ab. Um einen Luftmenschen zu beeindrucken, sollte man kreative Ideen äußern und bereit sein, nächtelang darüber zu diskutieren, auch wenn sie noch so realitätsfremd sind. Alle Aktivitäten, die einen Wissenszuwachs einbringen oder zum Denken anregen, eignen sich hervorragend als Freizeitbeschäftigung. Da Luftmenschen freiheitsliebend sind und sich ungern in beengten Räumen aufhalten, kommen Waldlernpfade oder Stadtführungen für ein Treffen in Frage. Sex ist für Luft-Typen eine Form der geistigen Vereinigung. Körper sind nur Hilfsmittel dafür. Deshalb ist es ihnen auch egal wie, wo und wie lange der Sex stattfindet.

Was belebt

Das kalte Tauchbecken nach dem Saunagang, ein Streit, ein Schnaps, AC/DC am Morgen, Eisbaden, stundenlanges Warten auf das Boarding und dann plötzlich muss alles ganz schnell gehen, 108 Sonnengrüße, Pervitin, man stellt fest, dass man sich ausgesperrt hat, Achterbahn fahren, eine Rede vor 100 Zuhörern halten, den Körper abklopfen, Sekt zum Frühstück, Elfmeterschießen in einem internationalen Fußballturnier, über Asylpolitik diskutieren, ein Spaziergang durch eine Winterlandschaft, zwei Teelöffel Apfelessig am Morgen, Lebertran, flirten, wenn der Partner flirtet, ein Rosmarinbad, Mobilitätstraining, Chakren öffnen, zwei Buben im Skat gefunden zu haben, Farben, ein Strip, Teebaumöl, Intervalltraining, den Akupunkturpunkt G 20 (Delle im Nacken) drücken, Ingwer auf einen Dildo streichen, einen Wettbewerb bestreiten, gegen eine Feuerqualle schwimmen, Kunstblut, echtes Blut, eine Fahrt in der Geisterbahn, der Film Blues Brothers, ein Schwangerschaftstest kurz bevor das Ergebnis erscheint, Bungee jumping, Mate, Zitronensaft pur, ein großartiges Ziel verfolgen, der Allegro-Satz in Musikstücken, das Portemonnai ist weg, ein Energy-Drink, beim Segeln in eine Schlecht-Wetter-Zone geraten, glücklich sein, mit zwei andersfarbigen Socken aus dem Haus zu gehen, einem tollen Menschen ein Kompliment machen, Glücksspiele spielen, für vier Wochen jeden Tag etwas Neues machen, Airboarding fahren, Barfuß-Wasserki-Fahren, das erste Mal, Trampolin-Springen, Schießen, Feuerlaufen, an einem Drill-Camp teilnehmen, ein erotisches Fotoshooting, ein One-Night-Stand, Don Giovanni, ein Roman von Stig Larsson, Zimtkaugummi, Erfolg, angezeigt zu werden, die paar Sekunden bevor man einen attraktiven Menschen anspricht, geblitzt werden, eine Morddrohung, sich verlieben.

Paradoxe Liste

Je besser es einem gelingt, alleine zu sein, desto besser klappt es mit anderen.

Je weniger man eine Partnerschaft braucht, desto besser gelingt sie.

Die Eltern sind immer schuld, aber man kann ihnen nicht die Schuld geben.

Wenn man nicht eifersüchtig ist, hat man auch keinen Grund dazu.

Kinder entwickeln sich gut, wenn man sie nicht allzu sehr in den Mittelpunkt rückt.

Wenn man müde und träge ist, hilft am besten Bewegung und Aktivität.

Genuss steigert sich durch Verzicht.

Je mehr man einen Menschen liebt, desto weniger liebt er einen.

Je effektiver man versucht Sex zu gestalten, desto ineffektiver wird er.

Je mehr man weiß, desto mehr weiß man, was man nicht weiß.

Je stärker die Zähne geputzt werde, desto schlechter.

Je mehr man lernt, desto mehr will man wissen.

Je mehr Liebe man gibt, desto mehr besitzt man davon.

La diferencia entre la tortilla mexicana y la tortilla españa

La tortilla de España es más parecida a un omelette. con huevos, patatas y verduras, preparados sobre una sartén.
En la cocina mexicana, se les llama tortillas de pita y son de harina de maíz. La tortilla mexicana se rellena de forma colorida, luego se enrolla o se dobla y luego se tuesta.

Tortilla de patatas confitadas (Espana)
Ingredientes: 6 patatas, 2 cebollas, 5 huevos, Perejil, Sal, Aceite de oliva virgen extra.
Instrucciones: Pelamos y pasamos por agua las patatas. Les hacemos un corte longitudinal y después las cortamos en láminas de unos tres milímetros. Es importante que el corte sea uniforme para conseguir una cocción regular. Troceamos también las cebollas y lo ponemos en una sartén alta con abundante aceite de oliva caliente. Salamos, removemos y lo dejamos a fuego lento hasta que las patatas estén tiernas. Lo retiramos y lo escurrimos con un colado. Batimos los huevos añadiendo sal y perejil bien picado. Incorporamos las patatas y cebollas y removemos durante un par de minutos. Lo volcamos en tandas en una sartén pequeña para hacer minitortillas. Se pueden tener los ingredientes listos, menos el huevo batido, y hacer la mezcla justo antes de servirlo para dejar la tortilla bien jugosa.

Los vegetarianos aman estos burritos (Mexico)
Ingredientes:
8 tortillas de harina de maiz, 1/4 de cebolla picada, 1 taza de frijoles cocidos, 2 chiles guajillo, 1/2 lechuga, 1 jitomate picado, 1 aguacate, Aceite de canola al gusto, Sal al gusto, Chiles en escabeche

Preparación: Corta los chiles por uno de sus extremos y remueve el rabo, semillas y venas. Hierve las pieles por 5 minutos. Licúa las pieles de los chiles con los frijoles. Acitrona la cebolla picada hasta que se torne transparente. Mezcla los frijoles molidos con la cebolla y cuece hasta que espesen. Sazona con sal al gusto. Calienta las tortillas en un comal. Unta cada tortilla con una capa de frijoles. Agrega lechuga jitomate, una rebanada de aguacate y chiles en escabeche (opcional).

Ein Mahlzeit in Gesellschaft zu sich nehmen

1. Auch bei einem Buffet werden die einzelnen Gänge gemeinsam eingenommen.

2. Nicht den Mund zur Gabel führen, sondern die Gabel zum Mund, auch wenn dieser Weg schwieriger zu bewältigen ist.

3. Zu keiner Zeit die Ellenbogen auf den Tisch ablegen, am besten auch nicht die Unterarme, die Hände schon.

4. Jegliche nichtverbalen Geräusche unterlassen.

5. Nichts anderes tun als Essen und miteinander sprechen.

6. Anders als beim Wiener Walzer die Flügel stets nah am Körper halten.

7. Kleidung aufeinander abstimmen.

8. Immer nur so viel vom Essen in den Mund geben, dass jederzeit eine zeitnahe und verständliche Antwort möglich ist, wenn man angesprochen wird.

9. Die Serviette auf den Schoss und nach dem Essen links neben den Teller legen, benutze Besteckteile nie wieder auf das Tischtuch legen.

11. Bei formellen Essen wünscht man sich keinen „Guten Appetit".

Konflikte lösen

1. Konflikt benennen
Der Konflikt wird neutral und ohne Beschuldigungen dargestellt. Das Interesse an einer Lösung wird verdeutlicht.

2. Bedürfnisse erkennen und akzeptieren
Problemdarstellung des Anderen ermitteln. Dabei **nur** „aktiv Zuhören" und nicht auf das Gesagte eingehen. Die Bedürfnisse und dahinterstehende Absichten erkennen, verbalisieren und akzeptieren. Es folgt die Darstellung der eigenen Position mittels „Ich-Botschaften". Darauf bestehen, dass dahinterstehende Absichten und Bedürfnisse akzeptiert werden.

3. Ideen sammeln für eine Lösung
Ideen sammeln (mindestens drei), ohne diese zu bewerten.

4. Eine Lösung finden
Über Lösungsmöglichkeiten verhandeln, bis eine Lösung gefunden wird, mit der beide einverstanden sind.

5. Einigung und „Vertrag"
Es wird vereinbart, die Lösung für eine bestimmte Zeit zu testen.

Am Ende kann eine schriftliche Vereinbarung oder ein Ritual stehen (z.B. Handschlag). Auf Kongruenz muss geachtet werden, sonst zurück zu 2.

Es klappt nur mit größtmöglicher Offenheit und dem sorgfältigen Abarbeiten der einzelnen Punkte. Das dauert manchmal lange. Aber es lohnt sich.

Beispiel für eine Konfliktlösung

Tochter (16): „Du erlaubst mir nicht, zur Geburtstagsfeier meiner Freundin zu gehen. Das macht mich traurig und ich möchte noch einmal in Ruhe mit Dir sprechen, damit wir eine Lösung finden, mit der wir beide zufrieden sind". **(1)** „Was genau missfällt Dir daran, dass ich dort hingehe?" **(2)**

Vater: „Ich fürchte, Du könntest dort zu viel Alkohol trinken und dann etwas tun, das Du später vielleicht bereuen wirst. Ich finde den Weg spät in der Nacht nach Hause auch zu gefährlich." **(2)**

Tochter: „Du machst Dir Sorgen, dass ich zu viel trinke, dann die Kontrolle verliere und du hast Angst, dass mir auf dem Nachhauseweg etwas passieren könnte?" **(2)**

Vater: „Ja, genau. Warum ist es Dir so wichtig, dort hinzugehen?" **(2)**

Tochter: „Maya ist meine Freundin. Ich möchte gerne mit ihr ihren Geburtstag feiern. Außerdem ist es wichtig für mich, dass ich bei besonderen Treffen meiner Freunde dabei bin. Ich möchte nicht zur Außenseiterin werden." **(2)**

Vater: „Gut. Das verstehe ich. Was machen wir nun?"

Tochter: Vielleicht können wir einen Kompromiss finden. Gibt es Bedingungen, unter denen Du mich gehen lassen könntest? **(3)**

Vater: „Wenn du den letzten Bus nimmst und dich dann mit dem Taxi nach Hause bringen lässt, wäre das eine Möglichkeit. Außerdem will ich mit Dir öfter telefonieren und wenn ich meine, du bist zu betrunken, kommst du gleich nach Hause." **(3)**

Tochter: „Der letzte Bus fährt schon um 22.00 Uhr. Das ist also keine gute Idee für mich. Der Vater von Antonia holt Antonia um kurz nach zwölf ab. Ich könnte bei ihr übernachten, oder er nimmt mich ein Stück mit und ich fahre den Rest mit einem Taxi. „**(4)**

Vater: „Ja, das wäre in Ordnung für mich. Kann ich den Vater anrufen, um sicherzugehen, dass das so auch klappt?" **(4)**

Tochter: „Schön ist das nicht für mich, aber es ist in Ordnung. Ich würde mich freuen, wenn Du mich nicht auf der Party anrufst und mir einfach vertraust, dass ich nicht zu viel trinke." **(4)**

Vater: „Vielleicht können wir einmal gegen halb elf telefonieren. Das würde mich schon beruhigen." **(4)**

Tochter: „Ja, in Ordnung. Das geht. **(4)** Ich freue mich, dass wir eine Lösung gefunden haben. So machen wir es." **(5)**

Vater: „Ich mich auch. Lass Dich drücken. Es ist eben manchmal nicht so leicht für mich loszulassen." **(5)**

Wie man was äußert

Informationen fließen. Die Möglichkeiten sich mitzuteilen, sind vielfältig. Den richtigen Ton und die richtige Art zu finden, dagegen manchmal recht schwierig. Die Wege der Informationsübermittlung unterscheiden sich in Tempo und Intensität. Je mehr Sinne angesprochen werden, desto intensiver der Kontakt. Das Tempo bezieht sich auf die Zeitspanne zwischen dem Absenden und dem Erhalt der Information.

Persönlich, mündlich: Je größer der Bedeutungsgehalt für den Empfänger ist, desto persönlicher sollte die Übertragungsart gewählt werden. Beginn oder Ende einer Liebesbeziehung sollte also wirklich nicht per SMS geschehen. Kritik sollte ebenfalls persönlich stattfinden, um für Rückfragen und Reaktionen zur Verfügung zu stehen. Für den Empfänger negative Nachrichten sollten zumindest mündlich überbracht werden. Schriftliches ist fixiert und somit reeller und verbindlicher als das gesprochene Wort.

Persönlich, mündlich, schriftlich: Für den Empfänger gute Nachrichten, Zusagen, positive Kommentare, positive Meinungen, positive Gefühlsäußerungen und all das, was bedenkenlos an Dritte weitergereicht werden kann, kann auch schriftliche kommuniziert werden.

Orte
Keinesfalls sollten bestimmte Orte durch schlechte Nachrichten oder Streitgespräche kommunikativ „verunreinigt" werden: Keine Konfliktgespräche beim Essen oder im Bett. Am besten man geht dafür raus.

Was tun mit Emotionen?
1. Gefühle wahrnehmen. Das differenzierte Wahrnehmen von Gefühlen, weit über ein Angenehm oder Unangenehm hinaus, ermöglicht überhaupt erst ein sinnvolles Gefühlsmanagement.

2. Verantwortung übernehmen. Gefühle werden stets durch einen selbst bestimmt, niemals durch die Umwelt. Auch wenn das häufig anders wirkt. Eifersucht ist zum Beispiel die mehr oder weniger bewusste Entscheidung, dieses Gefühl zu haben und ist unabhängig vom Anlass.

3. Über die Gefühle so neutral wie möglich nachdenken. Gefühle sind Informationen und Handlungsaufforderungen, denen man aber nicht unbedingt folgen sollte, aber könnte. Bei Wut werden häufig Kriterien verletzt, wie sich ein Mensch verhalten sollte. Um diesen Punkt sollte man sich kümmern, ganz gleich was mit dem Gefühl geschieht.

4. Entscheiden, was man mit den Gefühlen macht. Es gibt drei Möglichkeiten:
A. **Ausleben** (in sinnvoller Dosierung)
B. **Zurückhalten** (das klappt am besten durch Ablenkung und wenn man sich um die Ursache kümmert, gibt es auch keine Nebenwirkungen).
C. **Verändern** (Man kann das Gefühl selber verändern, indem man dessen Qualitäten verändert. Dazu die Qualitäten wahrnehmen und schrittweise verändern. Damit verändert sich das Gefühl. Wut zum Beispiel wird häufig als dynamisch, mit einem schnellen Tempo, einer Bewegung nach oben/außen, der Farbe Rot wahrgenommen. Man kann: Tempo verringern, Farbe verändern, Bewegungsrichtung ändern etc.)

Da beste Buch dazu: Die Intelligenz der Gefühle von L. Camoron-Bandler und M Lebeau

Gewicht verlieren, Lebensfreude gewinnen

Die gute Nachricht: Niemand muss hungern.
Die schlechte Nachricht: Man sollte nicht alles essen. So gut wie kein Zucker, kaum Fett, kaum Alkohol, nicht zu viel Eiweiß und wenig Kohlenhydrate. Obst, Gemüse, am besten roh, kleingeschnitten als Salat oder stabgemixt oder gedünstet. Hülsenfrüchte und Vollkorngetreide können nahezu in unbegrenzter Menge gegessen werden, ohne dass man Gefahr läuft, zu viele Kalorien zu sich zu nehmen. Ein vernünftiges Abnehmen beinhaltet immer einen Bewegungsplan. Zusätzlich sollte man den Alltag bewegungsfreundlich gestalten. Treppen hinauf- und heruntersteigen, zur übernächsten Haltestelle laufen, jeden Tag um den Block gehen, vom Zielort weiter entferntere Parkplätze wählen.

1. Verlockungen aus dem Weg gehen
Menschen mit einem selbstdisziplinierten Leben wenden ihre Kraft nicht so sehr dafür auf, Verlockungen zu widerstehen. Sie vermeiden sie von vornherein. Sie haben keine hochkalorienhaltigen Nahrungsmittel zu Hause, essen regelmäßig gesund, um Heißhungerattacken zu vermeiden.

2. Vom Ziel her denken
Zielbilder haben eine große Kraft. Bei großen Zielen sind Etappenbilder hilfreich.

3. In Möglichkeiten denken
Wie wird das Leben sein, wenn das Ziel oder Etappenziel erreicht wird? Was wird möglich?

4. Das Selbstbild verändern
Das Denken über sich selber kann man auch schon bereits vorher mittels des „So-tun-als-ob-Tricks" verändern. Das hilft bei der tatsächlichen Veränderung.

5. Nebenwirkungen beachten
Keine Wirkung ohne Nebenwirkung. Mit weniger Gewicht wird sich das Leben auch in anderer Hinsicht verändern.

6. Am Ball bleiben
Gewohnheiten brauchen etwa dreißig Tage bis man sie etabliert hat. Dann wird es leichter.

7. Ehrlich sein
Essen als Ersatzbefriedigung erkennen und sich um tatsächliche Probleme kümmern.

8. Ein Erfolgsbuch schreiben
In ein leeres Buch wird **jeden Tag** ein Erfolg hineingeschrieben oder gemalt.

9. Regelmäßig Essen
Auf Sättigungs- und Hungergefühle ist kein Verlass.

10. Sich ablenken
Ablenkung ist ein hervorragendes Mittel um Pläne zu realisieren. Bei unerwünschten Gedanken oder bevorstehenden Taten denkt und macht man etwas anderes. Es wird vorübergehen.

Das erste, zweite oder x-te Date

1. Authentisch sein
2. Eine gute Location wählen
3. Für das eigene Wohlbefinden sorgen (Kleidung, Körperliches, Zeitpunkt)
4. Interesse zeigen
5. Dem anderen in erster Linie zuhören und zum Erzählen ermuntern (Für viele war es dann ein gutes Gespräch, wenn sie 80% der Redeanteile für sich beansprucht hatten).
6. Auf eine zugewandte Körpersprache achten
7. Gesprächsthemen bereithalten
8. Stets eigene Entscheidungen treffen
9. Einen Tag vorher überlegen, was man anzieht
10. Niemals schlecht über andere sprechen
11. Designe dein Date: Jedes Date sollte aktive, kreative, romantische, aufregende, vertrauliche und ein wenig gefährliche Momente haben.
12. Aktivität ist immer gut
13. Kulturelles kommt bei den meisten Frauen gut an
14. Frauen lieben Face-To-Face-Aktivitäten, Männer Side-By-Side
15. Offen sein: Etwas über sich erzählen, was man nicht jedem erzählt
16. Gemeinsam kochen und essen ist fast immer eine gute Idee
17. Den Anderen zum Lachen bringen.
18. Abwechselnd die Rechnung übernehmen
19. Zärtliche Gesten fein dosieren
20. Ähnlichkeiten betonen
21. Die gleiche Menge und nicht zu viel Alkohol zu sich nehmen.

Was Männer nicht tun sollten

1. Sex als Emotionsregulierung zu benutzen (zumindest nicht mit einem Menschen).
2. Körperteile von Frauen mit Schulnoten bewerten.
3. Gleich einen Ratschlag geben, wenn sie sich ein Problem anhören.
4. Frauen und Kinder als Besitz deklarieren.
5. Suizid (das ist die dritthäufigste Todesart bei Männern).
7. Keine auf Ausbeutung basierende Pornografie konsumieren und keine Prostituierten besuchen, die dazu auf jede nur erdenkliche Weise gezwungen werden oder mit denen man sich nicht auf Deutsch verständigen kann. Das bedeutet eigentlich ganz darauf zu verzichten.
8. Am Telefon nur noch mit „hmm" antworten, anstatt klar zu sagen, dass man nicht mehr telefonieren möchte.
9. Gleich nach dem Sex aufspringen und Duschen oder sich wegdrehen und einschlafen.
10. Arbeiten bis zum Burn-out.
11. Sich nur über den Job definieren.
12. Sich für Frauen verändern.
13. Sich mit Drogen betäuben.
14. Anderen Menschen Gewalt antun.
15. Ehre als wichtigstes Entscheidungskriterium sehen.
16. In der Reiterstellung nichts tun.
17. Sich einfach nicht melden, obwohl es jemand erwartet.
18. Verantwortungslos Autofahren.
19. Weder die bequemste noch die komplizierteste Lösung wählen.
20. Hart wie Kruppstahl sein.

Was Männer tun sollten

1. Ihre Ansichten und Wünsche klar äußern, auch auf die Gefahr hin, dass sich die Stimmung verdüstert und es ein paar Stunden keinen Sex gibt.
2. Sogenannte weibliche Anteile und Eigenschaften in sich finden und zeigen.
3. Aufhören zu denken, wenn sie nachgeben, wird alles besser.
4. Ihren Beitrag zur Gleichberechtigung leisten.
5. Ein guter Vater sein (und gut bedeutet nicht, keine Fehler zu machen, weil man abwesend ist).
6. Mit dem eigenen Vater ins Reine kommen. Nur so kann die eigene Männlichkeit selbst bestimmt werden.
7. Emotional unabhängig von Sex sein.
8. Alle Schlipse zweckentfremden. Sie sind ein veraltetes Accessoire.
9. Regelmäßig alleine sein, um die eigenen Positionen und Rollen zu reflektieren.
10. Zeit in der Natur verbringen. Das erweckt die männliche Wildheit.
11. Männerfreundschaften pflegen, in denen echte Probleme thematisiert werden können.
12. Ein Gentleman sein (verhält sich anderen gegenüber stets respektvoll, handelt moralisch einwandfrei, hat Stil, übernimmt Verantwortung).
13. So alt werden wie Frauen.
14. Positive Aggression zeigen: Entscheidungen treffen, Konflikte offen ansprechen, die eigene Meinung vertreten, Ungerechtigkeit bekämpfen, die Initiative ergreifen).
15. Eigene und fremde Grenzen respektieren.

Was beruhigt

Tee, Valium, langsam bis 5 zählen, ein Haustier streicheln, eine Zwangsjacke, der Wachmaschine beim Waschen zuschauen, Baldrian, um den Block gehen, ein Jahr im Sanatorium, ein Blick auf den Kontostand (sofern nicht im Soll), eine Massage, Kreuzworträtsel lösen, ein Tagtraum, bewusst Musik hören, Yoga Wechselatmung, lächeln, Hände mit warmen Wasser waschen, vor sich hinpfeifen, schaukeln, Bachblüten-Notfalltropfen, sich umarmen lassen, Lavendelkissen, eine Massage, Progressive Muskelentspannung, Diazepam, eine Auszeit nehmen, Cocculus, Klangschalen erklingen lassen, Schüsslersalz Nr. 5, etwas Blaues, warme Milch mit Honig, Rituale, sich dissoziieren, klassische Musik, der Film „Wavelength", ein Cocktail mit CBD, ein Bodyguard, ein Stillleben betrachten, in einer Hängematte hängen, auf einem Schaukelstuhl schaukeln, sich eine Geschichte vorlesen lassen, einen Gottesdienst, in dem eine fremde Sprache gesprochen wird, besuchen, Bonn, somatische Stimulation, Malen nach Zahlen, bügeln, Kies harken, wenn jemand über den eigenen Schlaf wacht, stricken, sticken, Sudokus lösen, einen Baum pflanzen, Origami, Grounding, Gras beim Wachsen zuschauen, singen, ein warmes Bad, warmes Bier, einen Delfin aus Holz schnitzen, als Lokführer arbeiten, Golf spielen, autogenes Training, „Der alte Mann und das Meer" von Ernest Hemingway lesen, im Telefonbuch lesen, Schiffe gucken, Cluburlaub, sich über das Wetter unterhalten, Schach spielen, eine aufgeräumte Wohnung, Lanzarote, ein 1000-Teile Puzzle legen, seit zwanzig Jahren mit dem gleichen Partner frühstücken, Kameras in der Metro, ein Warteschlangen-Simulator, ein Sonntagnachmittag, viel Geld, ein Handynotrufsystem, beten, wenn die Therapeutin sagt: „Ja, das kann ich nachvollziehen.", das „Wohltemperierte Klavier" von Bach hören.

Vorteile, die das Alter mit sich bringt

1. Mehr Gelassenheit
2. Qualitativ besserer Sex
3. Sich zunehmend strategisch sinnvoll und nachhaltig verhalten können
4. Besseres Problemmanagement
5. Mehr Zufriedenheit, mehr Lebensqualität
6. Mehr Geld
7. Weniger Stress
8. Mehr Glück (die Menschen zwischen 58 und 77 Jahren sind am glücklichsten)
9. Man vertrödelt weniger Lebenszeit mit Schlafen
10. Die Sinne öffnen sich: man bemerkt den Duft der Lindenblüten, die Schönheit von Bauwerken, besondere Klänge in der Musik ...
11. Über 70jährige fühlen sich am wenigsten einsam
12. Die Vergangenheit erscheint zunehmend in einem milden Licht
13. Da es einem zunehmend gleichgültig wird, was andere Menschen über einen denken, kann man freier reden und sich freier verhalten
14. Genauigkeit macht Schnelligkeit wett.
15. Ein 70-Jähriger verfügt über vierhundert Prozent mehr Wissen als ein 20-Jähriger
16. Ab 50 nimmt die Allergiebereitschaft ab
17. Migräne verschwindet
18. Nur noch eine Erkältung pro Jahr
19. Charakter wird wichtiger als Aussehen
20. Beziehungen verbessern sich
21. Mehr Selbstsicherheit
22. Man macht weniger Fehler

Das perfekt nachhaltige Verhalten für Führungskräfte

1. Aufmerksam sein und Interesse zeigen

Wenn jeder Beschäftigte beachtet, das Positive gesehen und höher bewertet wird als die Schwächen, erhöht das die Chance, dass sich erwünschtes Handeln verstärkt und die Menschen zufriedener sind. Bei wahrgenommener Unzufriedenheit hört die Führungskraft zu. Sie belehrt nicht, sie verurteilt nicht, sie gibt keine Ratschläge, sondern alle Beteiligten versuchen gemeinsam eine Lösung zu finden. Führungskräfte vertrauen ihren Mitarbeitern. Sie vertrauen ihnen Aufgaben und Projekte an, bieten Unterstützung, ohne jeden Handgriff zu kontrollieren.
Nur wer die Mitarbeitenden gut kennt, kann eine sinnvolle Aufgabenverteilung vornehmen. Führungskräfte sehen dabei das Potenzial ihrer Mitarbeiter und bieten Möglichkeiten, es zu realisieren. Grundsätzlich erfolgt eine konstruktive zeitnahe Rückmeldung an die Mitarbeiter, die grundsätzlich mit ihrem Namen angesprochen werden. Ehrliche und konkrete Anerkennungen für den einzelnen Beschäftigten sind viel mehr wert als die jährliche Dankesrede an alle. Aufrichtig und authentisch sein, ist dabei eine Grundvoraussetzung.

2. Runter vom Ross

Nach den vielen Mühen, die der Aufstieg gekostet hat, ist es keinesfalls so, dass sich nun alles nach der Führungskraft richtet. Im Gegenteil: Eine gute Führungskraft spricht mit allen wertschätzend auf Augenhöhe, freundlich und anerkennend. Von der Reinigungskraft über die Schreibkraft zu

Projektleitern. Grundsätzlich soll für Gespräche ein für die Beschäftigten günstiger Moment abgepasst werden, was die Chancen auf ein konstruktives Miteinander erhöht. Bei Gesprächen sucht die Führungskraft die Mitarbeiter auf und zitiert diese nicht zu sich. Natürlich kann sich die Führungskraft einen Rat bei den Beschäftigten holen oder nach ihrer Meinung fragen. Jeder liebt es und es wird die Abläufe verbessern. Im Grunde genommen dient die Führungskraft den Mitarbeitern. Führen heißt: Andere aufrichten.

3. Be a light

Führungskräfte haben eine Vorstellung davon, wie es sein könnte und wie die Welt ein besserer Ort werden könnte. Sie teilen ihre Visionen und leben sie. Sie schaffen Sinn. Dabei sind sie ein Vorbild in allen möglichen Bereichen: klare Kommunikation, Work-Life-Balance, Höflichkeit, Freundlichkeit, Fehlermanagement, Haltung, Verbindlichkeit, Loyalität, Fairness, Freude an der Arbeit, Engagement, ethisch korrektes Verhalten, umweltbewusstes Verhalten. Sich selber dabei zu reflektieren und um Rückmeldung zu bitten, ist eine Selbstverständlichkeit.
Wer die Menschen nicht grundsätzlich mag, kann nicht gut führen. Wenn die Menschen lächeln, wenn die Führungskraft erscheint, ist alles gut.

Glücksformeln

Glück = Versorgung + Sicherheit + Liebe + Gesundheit + Erfolg + Autonomie + Sinn.

Glück = Freiheit + Liebe + Sinn + Fitness

Glück = Leben im JETZT

Glück = entwickeltes Selbst (Fähigkeiten und Kompetenzen) + entwickeltes Umfeld (Geld, Familie, Freunde) + entwickeltes höheres Selbst (Selbstwertgefühl, Sinn für Humor, Lebenssinn)

Glück = Materielle Mittel x Zeit x persönliche Fähigkeiten

Glück = Zufriedenheit mit dem Leben im Ganzen + Zufriedenheit mit den persönlich wichtigsten Lebensbereichen + Häufigkeit der angenehmen Gemütszustände – Häufigkeit der unangenehmen Gemütszustände.

Glück = Tugend + Verschwiegenheit + Wohltätigkeit (Tamino)
Glück = ein Mädchen oder Weibchen + Wein + Essen (Papageno)

Glück = anderen helfen + etwas Gutes tun

Glück = Sex + Sport + gute Beziehungen + interessanter Job + Neugier

Glück = Rechte Erkenntnis + rechte Gesinnung + rechte Rede + rechte Tat + rechter Lebenserwerb + rechte Anstrengung + rechte Achtsamkeit +rechte Sammlung (rechte natürlich im Sinne von richtig)

Warum man Sex macht

1. Aus Langeweile
2. Aus Liebe
3. Aus Lust
4. Weil der Andere es möchte
5. Er kann das Fitnessprogramm ersetzen
6. Um die Stimmung zu verbessern
7. Weil man nicht schlafen kann
8. Um das Selbstbewusstsein zu stärken
9. Um zu beweisen, dass man sie/ihn rumgekriegt hat
10. Um seine Macht über den anderen zu demonstrieren
11. Weil man danach süchtig ist
12. Um die Beziehung zu festigen
13. Weil der Strom ausgefallen ist
14. Weil es Dezember ist
15. Um sich zu versöhnen
16. Um seine Individualität auszuleben
17. Um ein Kind zu bekommen
18. Weil es eine gute Gelegenheit war
19. Weil man verliebt ist
20. Weil er schöner macht
21. Damit es keinen Samenstau gibt
22. Weil man es sich fest vorgenommen hat
23. Um die Beziehung zu erhalten
24. Um Nähe zu spüren
25. Weil man zu viel getrunken hat
26. Weil man den anderen befriedigen möchte

Warum man Kinder bekommt

1. Weil man Sex hatte
2. Weil man etwas von sich hinterlassen möchte
3. Weil man einen beruflichen Break braucht
4. Um vom eigenen verpfuschten Leben abzulenken
5. Weil man jemanden braucht, dem man sein Geld hinterlassen kann
6. Weil es einen dazu drängt
7. Weil andere einen dazu drängen
8. Weil man eben Kinder hat
9. Weil es mit der Verhütung nicht geklappt hat
10. Wegen der Rama-Reklame
11. Damit einen jemand betreut, wenn man alt ist
12. Die meisten Freunde haben auch schon Kinder
13. Um die Partnerschaft wieder zu beleben
14. Um den Gen-Mix der Eltern zu bestaunen
15. Damit das erste Kind jemanden zum Spielen hat
16. Als Krönung der Liebe
17. Erst Kinder geben dem Leben einen Sinn
18. Um die Gelegenheit zu bekommen, es besser als die eigenen Eltern zu machen
19. Um eine tiefe Bindung zu spüren
20. Um sich von dem eigenen Egoismus zu befreien
21. Ablenkung von der Beschäftigung mit sich selbst
22. Um die Spezies zu erhalten
23. Weil Weihnachten feiern nur mit Kinder Spaß macht
24. Man kann an interessanten Elternabenden teilnehmen.

Was Ina Deter sich von Männern wünscht ...

Den schönsten Mann im Land, er muss nett sein, auch im Bett, was Liebes. Er hat die Augen eines Tigers, den Triumph eines Siegers und eine Ladung Dynamit. Er ist ein Mann, dem man den Mann ansieht: neu, lieb, frisch, nett, reif, scharf, sehr adrett, gut gewachsen, schön, rank und schlank, nicht warm, sondern heiß.

... und wie sie auf einen solchen reagiert:

Bei Dir steh' ich ständig unter Strom, wenn Du so bist wie Dein Lachen, möchte ich Dich wiedersehen, mit Dir schwimmen nach Athen, sogar mit Dir früh aufstehen, sogar mit Dir untergehen, Du hast mich lahmgelegt und aufgeputscht, wie ein Dornröschen wachgeknutscht, ich bin wie beim ersten Mal so verklemmt und sentimental, Du bist ein Versuch der süchtig macht.

Nach der CD: Neue Männer braucht das Land

Die besten Gesellschaftsspiele

1. Mensch ärgere Dich nicht
2. Monopoly
3. Die Siedler von Catan
4. Scrabble
5. Backgammon
6. Risiko
7. Uno
8. Phase 10
9. Talisman
10. Sophies Welt
11. Stadt, Land, Fluss
12. Werwölfe
13. Das verrückte Labyrinth
14. Twister
15. Activity
16. Doppelkopf
17. Strippoker
18. Spiel des Lebens
19. Memory
20. Wahrheit oder Pflicht
21. Kniffel
22. Carassonne
23. Beer-Pong
24. Prominentenraten
25. Mikado
26. Trivial Pursuit

Lebensweisheiten deutscher Rocklegenden

Steh' auf! (Marius-Müller Westernhagen)

Lache, wenn es nicht zum Weinen reicht. (Heinz Rudolf Kunze)

Geh' lieber durch die Wand, als immer durch die Tür. (Rosenstolz)

Komm, wir lassen uns erschießen. (Ideal)

Es geht, wenn man will, doch man sollte nicht alles wollen, was geht. (Klaus Hoffmann)

Heile Dich selbst. (Nena)

Beim zweiten Mal geht alles besser. (Klaus Hoffmann)

Macht kaputt, was euch kaputt macht. (Ton Steine Scherben)

Halt dich an deiner Liebe fest. (Rio Reiser)

Es ist an der Zeit, dass du endlich begreifst, dass du endlich verstehst, dass es nicht nur um dich geht. (Marius-Müller Westernhagen)

Hinter dem Horizont geht's weiter. (Udo Lindenberg)

Sex ist wichtig, glaub es mir. (Spliff)

Lass sie reden. (Rosenstolz)

Immer, immer wieder geht die Sonne auf und wieder bringt ein Tag für uns ein Licht. (Udo Jürgens)

Bliev do, wo de bess, halt dich irjendwo fess, un bliev su, wie de wohrs: Jraaduss. (BAP)

Über sieben Brücken musst Du gehen. (Karat)

Ohne Liebe sind wir nichts. (Nena)

Schreib' Dein Leben auf ein Stück Papier und warte, bis die Zeit vergeht. (Spliff)

Mach doch lieber die Augen zu. (Spliff)

Mach Dein Ding. (Udo Lindenberg)

In der Welt von morgen klappt alles wunderbar, ja, du wirst schon sehn: morgen funktionierst dann auch du. (Peter Maffay)

Wirksame Zaubersprüche

Lass mich nur die guten Wege sehen,
nur schöne Dinge geschehen,
Glück und Wohlstand eintreten,
sie sollen meine Freunde sein.

Katzendreck und Eulenschrei,
was verschwunden ist, kommt schnell herbei!

Expelliarmus (entwaffnet den Gegner mit einem roten Lichtstrahl) (Harry Potter)

Imobilius (lässt erstarren) Harry Potter

Impertubatio (macht Türen immun gegen Lauschangriffe) Harry Potter

Feuer, Wasser, Luft und Erde,
Auf dass ich ihn (sie) vergessen werde,
Es wirkt das ewige Grundprinzip der Zeit,
Das alles hat einen Anfang und ein Ende,
Nun endlich auch mein Leid!

By the powers of 1, 2, and 3, / Let no harm be. / So let it be!

ASKION KATASKION LIX TETRAX DAMNAMENEUS AISION (Schutzzauber)

Sex ist gut, wenn man sich um sich selber kümmert, dennoch den anderen im Blick hat. Sex ist gut, wenn man liebt, weniger, wenn man geliebt wird. Sex ist gut, wenn er verboten ist, auch wenn es häufig wenig sinnvoll ist. Sex ist gut, wenn man verliebt ist, auch ein wenig in sich selbst. Sex ist gut, wenn man sportlich ist. Sex ist gut, wenn er etwas Frisches hat. Sex ist gut, wenn nicht jede Berührung auf einen Effekt aus ist. Sex ist gut, wenn er etwas gefährlich ist. Sex ist gut, wenn man nicht drüber spricht. Sex ist gut, wenn man darüber spricht. Sex ist gut, wenn man aktiv ist. Sex ist gut, wenn man die Lust des anderen hört, sieht, spürt, riecht und schmeckt. Sex ist gut, wenn man experimentierfreudig ist. Sex ist gut, wenn man nur Sex im Sinn hat, ohne Hintergedanken. Sex ist gut, wenn man vorher, währenddessen oder nachher miteinander spricht. Sex ist gut, wenn man Geräusche von sich gibt, ohne darauf zu achten, wie das bei dem anderen ankommt. Sex ist gut, wenn man nicht denkt: „Hoffentlich kommt sie/er bald". Sex ist gut, wenn man währenddessen lacht oder lächelt. Sex ist gut, wenn man nicht aufhören mag. Sex ist gut, wenn man ab und zu Gegenstände einbezieht. Sex ist gut, wenn man sich etwas trauen kann. Sex ist gut, wenn man sich schön findet. Sex ist gut, wenn man begehrt wird. Sex ist gut, wenn man begehrt. Sex ist gut, wenn man ein paar Hemmungen loslassen kann. Sex ist gut, wenn er zweckfrei ist. Sex ist gut, wenn man seinen eigenen Körper kennt. Sex ist gut, wenn das Vorspiel schon drei Stunden zuvor beginnt. Sex ist gut, wenn er das Aspirin ersetzen kann. Sex ist gut, wenn man Schönheit im Partner entdeckt. Sex ist gut, wenn man spätestens nach sieben Jahren einen anderen Partner hat. Sex ist gut, wenn man aktiv ist. Sex ist gut, wenn es zwischen 20 und 25 Grad warm ist. Sex ist gut, wenn man zuvor scharf gegessen hat. Sex ist gut, wenn Frauen wenig Stress haben und Männer viel. Sex ist gut, wenn die Sonne scheint. Sex ist gut, mit einem trainierten Beckenboden. Sex ist gut, wenn man es gleich noch einmal tun möchte.

Beliebte Freizeitbeschäftigungen

1. Fernsehen
2. Shoppen
3. Radio hören
4. Telefonieren
5. Gedanken nachhängen
6. Im Internet surfen
7. Computerspiele
8. Kaffee trinken, Kuchen essen
9. Serien sehen
10. Mit Hilfe sozialer Netzwerke kommunizieren.
11. Schlafen

Lebensqualität

1. Ein Hobby haben
Eine sinnvolle Freizeitbeschäftigung sorgt für mehr Ausgleich und Entspannung, als Medienkonsum oder „Nichtstun".

2. Highlights haben
Zwölf besondere Erlebnisse im Jahr bereichern das Leben und machen Lust auf mehr.

3. **Kontakte**
mit Menschen, die man mag (und von denen man gemocht wird). Gespräche mit Fremden machen auch zufriedener, selbst wenn man vorher meint, es wäre nicht so (zum Beispiel im Zug).

4. Naturerlebnisse
Sich regelmäßig in der Natur aufzuhalten, fördert nachweislich Gesundheit und Lebenszufriedenheit Natürlich ohne Smartphone.

5. Etwas Neues lernen und oder erleben
Den Horizont erweitern, durch Reisen, oder Kunst.

6. Kulturelle Veranstaltungen besuchen: Konzerte, Museen, Theater

7. Vorfreude
Stets das Leben so planen, dass man sich immer auf etwas freuen kann.

Eine gute Party schmeißen

Vorbereitung:
Die Art der Party definieren (Dinnerparty, Bottle-Party, Motto-Partys wie Black & White Party, 80er Party, Bad-Taste-Party, Gartenparty, After-work-Party, Geburtstagsparty, Abschluss- Abschieds- Einstandspartys, Schlüsselparty).
Einladungen werden zwei Wochen zuvor versandt, wobei das Design einen Hinweis auf die Art der Feier und der erwünschte Kleidung gibt.

Unterschiedliche Menschen einzuladen, bereichert die meisten Partys.

Eine gute Location finden, was Größe, Erreichbarkeit und Atmosphäre betrifft.

Die Räumlichkeiten entsprechend vorbereiten, dekorieren und ausleuchten. Wenn getanzt werden soll, nicht mehr als für 50% der Gäste Sitzplätze bereithalten und einen professionellen Discjockey besorgen, mit dem die Musik im Groben vorher besprochen wird und natürlich eine Tanzfläche definieren. Auch die Musikwünsche von den Gästen sollen erfüllt werden.

Nachbarn informieren und/oder einladen.

Für jeden Gast eine halbe Flasche Wein, eine halbe Flasche Sekt, zwei Bier, eine Flasche Wasser und ein Glas Limo einplanen. Eventuell zwei oder drei Longdrinks.
Die Getränke werden idealerweise nicht vom Gast selbst eingeschenkt.
Der Party entsprechendes Essen besorgen, zusätzlich Snacks.

Während der Party:
Jeden Gast persönlich begrüßen, die Räumlichkeiten zeigen, etwas Zeit mit ihm oder ihr verbringen und darauf achten, dass sich jeder wohlfühlt.

Beim Eintreffen der Gäste einen Aperitif reichen und vielleicht etwas Fingerfood und die Gäste einander vorstellen.

Bei einem Dinner (Ehe-)partner nicht nebeneinander platzieren. Dazu am besten Tischplatzkarten aufstellen. Der Gastgeber oder die Gastgeberin bleibt bei den Gästen und verschwindet nicht für längere Zeit, etwa in der Küche.

Der Gastgeber oder die Gastgeberin unterstützt die Gäste darin, sich ins rechte Licht zu setzen, bittet zum Beispiel um Urlaubsberichte oder Anekdoten und hält interessante Gesprächsthemen bereit. Er oder sie stellt Gäste einander vor, die sich interessant finden oder mögen könnten und nennt dabei auch die entsprechende Idee.

Spiele bereitstellen, etwa eine Dartscheibe oder ein Kickertisch, Gegenstände auslegen, die sich dafür eignen, ins Gespräch zu kommen, wie Fotoalben, Souvenirs, Fotobücher.

Sich selber amüsieren.

Ein gutes Ende finden, bevor sich die Party totgelaufen hat, sich bei den Gästen für das Kommen bedanken und eventuell ein Abschiedsgeschenk überreichen, prüfen, ob alle Gäste eine gute Möglichkeit gefunden haben, nach Hause zu kommen.

Worauf man besser warten sollte

1. Auf einen Marshmallow
Wer als Kind gelernt hat, auf ein begehrtes Objekt als Belohnung zu warten, ist später nicht nur erfolgreicher im Leben, sondern hat auch mehr soziale Kontakte
2. Niemals zweimal hintereinander eine andere Person kontaktieren
3. Die perfekte Welle
4. Auf das Dessert
5. „Ich liebe Dich" zu hören oder zu sagen
6. Das richtige Türchen am Adventskalender
7. Bis neue Gewohnheiten sich etabliert haben
8. Dass sich der Tee ein wenig abgekühlt hat
9. Einen Streit niemals emotionsaufgeladen anfangen
10. Den richtigen Partner
11. Aktien nach einem Börsencrash verkaufen
12. Auf den Himmel
13. Auf Godot
14. Bis zum dritten Date mit dem Sex
15. Auf das perfekte Tierfotomotiv in der Natur
16. Eine Prostata-OP (zumindest in vielen Fällen)
17. Mit dem Weitersprechen während einer Rede
18. Wenn sich das Warten lohnt
19. Mit dem Essen, wenn noch nicht alle ihren gefüllten Teller vor sich stehen haben
20. Auf die Wirkung von Medikamenten
21. Dass der Levante aufhört, wenn man im Atlantischen Ozean in Spanien surfen möchte

Worauf man nicht warten sollte

1. Versuchungen nachgehen
2. Kinder kriegen
3. Sich selbst zu verwirklichen
4. An Traumorte reisen
5. Den richtigen Partner
6. Ein Sabbat-Jahr nehmen und es sinnvoll verbringen
7. Lob spenden
8. Lächeln
9. Jemanden sagen, dass man ihn mag
10. Auf eine Wurzelbehandlung
11. Dass das Gras von alleine wächst
12. Auf Godot
13. Sport machen
14. Sich ein Hörgerät zulegen, wenn es notwendig ist
15. Bis ein schlechter Film zu Ende gesehen oder ein schlechtes Buch zu Ende gelesen ist
16. Etwas Unangenehmes erledigen
17. Mit der Verteidigung der Freiheit
18. Auf die Dankbarkeit von Kindern
19. Bis man Zeit hat
20. Dass es andere schon richten werden.
21. Etwas Gutes tun
22. Länger als 10 Minuten auf andere Menschen.
23. Darauf, dass der Partner nach einer „Trennung auf Zeit" zurückkehrt
24. Sich zu entschuldigen, wenn man Mist gebaut hat.

Gedanken über Untreue

Ein simpler One-Night-Stand ist besser als wenn der Partner für eine andere Person dauernd sehr positive Gefühle hätte, ohne aber mit ihr zu schlafen.

Liebe wird nicht weniger, wenn man jemand anderen davon abgibt.

Bei Untreue tragen Betrogener und Betrüger zu gleichen Teilen die Verantwortung.

Nur weil man selber keine Lust (mehr) hat, kann man den Partner nicht dazu nötigen, auf einen so wichtigen Lebensbereich zu verzichten.

Andere Möglichkeiten von Sex kann man nur mit einem anderen Menschen erfahren.

Untreue hat nichts mit mangelnder Liebe zu tun, noch mit Verrat oder einem Vertrauensbruch. Wer ehrlich sein darf, wäre sicher lieber ehrlich untreu.

Monogamie ist überholt.

Es ist gut, verschiedene Persönlichkeitsanteile ausleben zu können. Das klappt besser mit unterschiedlichen Menschen.

Dem Partner, den man liebt, sollte man keine schönen Lebensmomente verbieten.

Es gibt diese „Einmal-und-dann-Sterben-Menschen".

Der Partner profitiert von der Untreue, weil die Stimmung besser ist und ins Bett neue Ideen kommen.

Man kann mehr als einen Menschen lieben.

Die meisten Menschen sind nur deshalb treu, weil ihnen wirklich gute Gelegenheiten fehlen.

22 % der Deutschen denken, Fremdgehen beginne beim Blickkontakt. Für 82 % sind heimliche Treffen ein Betrug.

Mann und Frau können Sex von Liebe trennen.

Es gibt unterschiedliche Arten von Untreue: körperliche, seelische, gedankliche. Warum sollte nur eine davon nicht erlaubt sein?

Wer selbstbewusst genug ist, kann auch teilen.

Nach ein paar Jahren wird es echt langweilig, vor allem für Frauen.

Eine "Don't ask, don't tell" Beziehung hat etwas Frisches. Und sie hat nichts mit einem Mangel an Vertrauen zu tun.

Liebe erlebt man im eigenen Erleben, hat also mehr mit einem selber zu tun, als mit dem Anderen. Es gibt also keinen Grund, sich zu begrenzen.

Keine guten Gründe, Untreu zu sein

Um sich für ein „Vergehen" des Partners zu rächen

Die Aufmerksamkeit des Partners zurückgewinnen

Überrumpelt zu werden

Sich aus dem Sex Vorteile zu erhoffen

Sexpraktiken erst mal mit einem anderen Menschen austesten

Sich in der Beziehung eingeengt fühlen und so ausbrechen

Die Beziehung beenden wollen, aber sich nicht trauen, dies zu tun

In der Mittagspause mal eben „Druck" ablassen

Sex wie eine Droge konsumieren.

Nur mit einem Körper Sex machen

Den Partner demütigen

Das eigene Selbstbewusstsein so aufpolieren wollen

Weil Sex nichts anderes ist als Essen oder Trinken

Wie man sich versöhnt

Für den, der ein Unrecht ausübte
1. Sich selber prüfen: Will man eine aufrichtige Versöhnung, frei von niederen Beweggründen. Dazu zählen Vorteile oder auch die Erleichterung des Gewissens.

2. Aufrichtig die eigene Schuld einräumen mit Erklärungen, aber ohne Verteidigungen.

3. Dem anderen zuhören und möglichst wenig unterbrechen.

4. Um Verzeihung bitten.

5. Wiedergutmachung anbieten.

Für den, dem ein Unrecht angetan wurde
1. Sich selber prüfen: Will man eine aufrichtige Versöhnung?

2. Die Verletzung loslassen, die Opferrolle aufgeben.

3. Das Anhören der eigenen Position fordern.

4. Eine angemessene Wiedergutmachung fordern, aber Verhandlungsbereitschaft zeigen.

5. Anschließend das Ganze aufrichtig vergessen und nie weder erwähnen.

Mit sich selber sprechen

Die Art, wie wir mit uns selber sprechen, hat einen großen Einfluss auf die eigene Stimmung, die Zufriedenheit, Handlungen, Anspannung und Entspannung, Entscheidungen, Erfolg, Erfahrungen als positiv oder negativ zu werten, Einstellungen, das Selbstbewusstsein und den Zustand der Beziehungen zu anderen Menschen.

Viele Menschen gehen sehr ruppig mit sich selber um. Sie beschimpfen sich selber, beleidigen sich, setzen sich unter Druck, machen sich Vorwürfe, kritisieren sich, neigen zum Pauschalieren und das in endlosen Wiederholungsschleifen.

Stattdessen sollte man **freundlich sein**, in einem angenehmen (inneren) Tonfall und Tempo mit sich sprechen, in der dritten Person, konstruktiv sein, motivierend, Verständnis für sich selber zeigen, so etwa, als wenn ein gütiger, weiser Mensch mit einem redet.

Selbstgespräche helfen dann beim Sport, beim Rätselraten, in schwierigen Situationen, beim abendlichen Reflektieren des Tages, beim Überwinden von Ängsten, die Stimmung zu verbessern, beim Finden von Dingen, bei der Konzentration, beim Lernen, sich selber zu motivieren, sich zu dissoziieren, Stress abzubauen, Aggressionen reduzieren. Sie steigern die Leistungsfähigkeit und Kreativität, schützen vor Depression und können beruhigen.

Europäische Hard Rock Cafes, die (fast) am Wasser liegen

Hard Rock Cafe Venedig (direkt)
Hard Rock Café Wien (fast)
Hard Rock Café Antwerpen (fast)
Hard Rock Café Lyon (fast)
Hard Rock Café Marseille (fast)
Hard Rock Café Nizza (direkt)
Hard Rock Café Köln (fast)
Hard Rock Café Hamburg (direkt)
Hard Rock Cafe Budapest (fast)
Hard Rock Café Reykjavik (fast)
Hard Rock Café Dublin (fast)
Hard Rock Café Catania (fast)
Hard Rock Café Malta (fast)
Hard Rock Café Podgorica (fast)
Hard Rock Café Amsterdam (direkt)
Hard Rock Café Gdansk (fast)
Hard Rock Café Bukarest (direkt)
Hard Rock Café Ibiza (fast)
Hard Rock Café Mallorca (fast)
Hard Rock Café Marbella (fast)
Hard Rock Café Teneriffa (fast)

Falls man sich mal von A bis Z betrinken möchte

Aquavit, Bier, Caiprinha, Doornkaat, Eierlikör, Feigling (kleiner), Gin, Hugo, Irish Kiss, Jägermeister, Kölsch, Lumumba, Met, Nordic Summer, Ouzo, Pastis, Question, Rum, Sekt, TEQUILA, Underberg, Vodka, Wermut, Zombie

Entscheidungen treffen

1. Stets nur einmal entscheiden. Sich öfter umzuentscheiden, verursacht Stress.

2. Nur als Profi kann man auf die schnellen, intuitiven Entscheidungen vertrauen. Bei allen anderen Entscheidungen heißt es: Herz und Hirn einbeziehen.

Meist ist irgendeine Entscheidung zu treffen besser als gar keine Entscheidung. Mit den Folgen kommt man besser klar, als mit der Unentschiedenheit.

Bei wichtigen Entscheidungen eine Nacht drüber schlafen.

Achte auf das Motiv: Warum werden welche Entscheidungen getroffen? Was steckt wirklich dahinter?

Perspektivwechsel: Wie geht es mir mit der Entscheidung in zwei Wochen und in zwei Jahren? Welche Auswirkungen hat sie auf andere?

Nicht zu viele Entscheidungen auf einmal treffen. Wie die Muskulatur ermüdet die Entscheidungsfähigkeit.

Über Entscheidungsmöglichkeiten sprechen. So wird der eigene Standpunkt deutlicher.

Papiere mit den Möglichkeiten umgedreht auf den Boden legen und sich intuitiv auf eines stellen. Schon weiß man, ob das okay ist.

Was tun gegen schlechte Stimmung

1. Sich mit Menschen vergleichen, denen es noch schlechter geht.
2. Ein Liste schreiben, wofür man dankbar ist (mindestens zehn Punkte)
3. Bewegung
4. Den Blick auf das Positive wenden
5. Anderen einen Gefallen tun
6. Anderen ein Geschenk machen
7. Sich selber ein Geschenk machen
8. Inseln des Wohlbefindens schaffen. Am Tag mindestens zwei Momente, auf die man sich freut, auch wenn es Kleinigkeiten sind
9. Für jährlich mindestens 12 Highlights sorgen
10. Für Abwechslung sorgen
11. Licht
12. Sex
13. Musikhören
14. Herausfinden, warum die Stimmung schlecht ist
15. Lächeln und nach oben schauen
16. Sich auf das „Jetzt" konzentrieren
17. Sich ablenken
18. Sich mit anderen Menschen treffen
19. Ein Tier streicheln
20. Meditieren
21. Ein Mandala malen
22. Kreativ sein (Malen, Schreiben, Komponieren ...)
23. Einen Urlaub planen

Wendepunkte

Es gibt Momente im Leben, die geradezu nach einer Veränderung rufen oder grundsätzliche Veränderungen erfordern:

- Ein Jobwechsel oder ein Umzug
- Eine chronische Erkrankung
- Eine Beziehung beginnen oder beenden
- Veränderung in der Familienkonstellation

Wendepunkte einleiten
Wenn es einen nicht gerade kalt erwischt und die Umstände einen dazu zwingen das Leben zu verändern, ist es stets besser selber die Veränderung zu initiieren. Zum Beispiel, eine Beziehung beenden, wenn noch ein wenig Restrespekt vorhanden ist, einen anderen Job zu finden, bevor die Kündigung da ist.

Wendepunkte gestalten
1. Blick nach vorne
2. Lernerfahrungen aus dem Vergangenen ziehen, die Zeit würdigen und dann ad acta legen
3. Aktiv sein: den neuen Lebensabschnitt gestalten
4. Das Positive sehen, das Negative überdenken und möglicherweise abmildern
5. Langfristige Folgen im Blick haben und sich entsprechend verhalten
6. Folgeveränderungen akzeptieren und sich damit fröhlich arrangieren

Von der Mutter zur Freundin, vom Vater zum Freund

Für viele Eltern ist es schwer loszulassen und stattdessen eine Beziehung zu ihren erwachsenen Kindern auf Augenhöhe zu beginnen. Nun ist die Beziehung freiwillig und am Verhalten der Kinder ist abzulesen, wie erfolgreich der Erziehungsprozess war.

1. Keine ungebetenen Ratschläge geben.
2. Entscheidungen des Sohnes/der Tochter akzeptieren.
3. Sich nicht aufdrängen. Weder telefonisch, noch schriftlich, noch persönlich.
4. Alternativen finden, wohin mit der freigewordenen Liebe. Etwa eine neue Beziehung, ein Haustier, eine ehrenamtliche Tätigkeit, ein neues Hobby.
5. Um Besuche nicht allzu viel Trara machen.
6. Die Partnerwahl nur freundlich kommentieren, allenfalls höflich.
7. Eigene Erfahrungen machen lassen, selbst wenn man weiß, dass es in einem Desaster endet.
8. Trost spenden, einen Rückzugsort bieten, wenn es erwünscht ist.
9. Sofern Enkelkinder vorhanden sind, sich in wichtigen Fragen der Haltung der Eltern anschließen und bei unwichtigen Ausnahmen ermöglichen und kommunizieren. So lernen die Enkel unterschiedliche Lebensstile und Werthaltungen kennen.
10. Bei wiederkehrenden Konflikten außerhalb von diesen darüber sprechen und gemeinsame Regeln abstimmen.
11. Neue Familienrituale zulassen.
12. Gemeinsam aktiv sein. Quality-Time miteinander verbringen.

Sinnvoll Essen

1. Je ungesünder das Essen, desto mehr Geld sollte man dafür ausgeben
2. Insgesamt mehr Geld für Essen ausgeben
3. Essen nicht missbrauchen (als Ersatz für: Liebe, Sex, Langeweile)
4. Essen bevor man hungrig ist und aufhören, bevor man satt ist
5. Essen wie Sport betrachten: Es ist gut für den Körper und dient erst in zweiter Linie dem Genuss
6. Während des Essens nur essen, nichts anderes tun
7. Nur sehr kleine Mengen ungesunder Lebensmittel im Haus haben.
8. Sich niemals mit Essen belohnen
9. Mahlzeiten planen. Nicht erst überlegen, was man isst, wenn man Hunger hat
10, Nicht hungrig einkaufen gehen
11. Niemals Ungesundes nebenbei essen, während des Fernsehens oder Lesens oder während man im Internet surft
12. Gesundes nebenbei essen: Gemüsesticks mit kalorienarmem Dressing oder Fruchtstückchen
13. Mahlzeiten mit Liebe zubereiten
14. Mahlzeiten hübsch servieren
15. Mahlzeiten wertschätzen
16. Gemeinsam mit anderen kochen
17. Auf hohe Qualität der Lebensmittel achten
18. Mahlzeiten nicht durch kalorienhaltige Getränke ersetzen
19. Jede Menge Null-Kalorien-Getränke zu sich nehmen
20. Vielfältig essen
21. Moralisch sauber essen
22. Bei hellem Licht essen (dann isst man weniger)

How do you go undercover as a proper Londoner

1. Have English breakfast: Bacon, eggs, toast, sausages, English breakfast tea with milk and sugar.

2. Complain about stuff: Weather, tourists, Europe.

3. When on tube, avoid eyecontact at all costs.

4. Apologise: When you run into someone, when someone runs into you, basically, apologise for existing.

5. Have a pint.

6. Complain some more: The current Prime Minister, Europe.

7. Have a cup of tea.

8. Have a pint.

9. Apologise.

10. Have another pint.

11. Eat Sunday roast.

12. Eat fish and chips.

Sitzungen leiten

1. Vorbereitung: Mit Hilfe der Teilnehmenden eine Tagesordnung erstellen und versenden.

2. Protokollführer ernennen, Tagesordnung beschießen (gegebenenfalls erweitern), letztes Protokoll verabschieden.

3. Tagesordnungspunkte abarbeiten
- Wortbeiträge anerkennen und zusammenfassen
- bei kontroversen Diskussionen neutral bleiben
- Einigungen durch Abstimmungen vermeiden, eher versuchen einen Konsens zu finden, ansonsten sind die vielleicht nur knapp Unterlegenen unzufrieden.
- Zeit einhalten
- Immer präsent sein und nie die Leitung aus der Hand geben
- Bei Missstimmung, hochgekochten Emotionen, unversöhnlichen Standpunkten anbieten, den entsprechenden Tagesordnungspunkt zu verlegen (in der Zwischenzeit kann dann an einem sinnvollen Kompromiss gearbeitet werden). Alternativ können strittige Tagesordnungspunkte im Vorfeld geklärt werden
- Sich stets respektvoll äußern und respektloses Verhalten sofort unterbinden

4. Sitzung pünktlich in guter Stimmung **beenden**

Selbstvertrauen gewinnen

1. Sich selber vertrauen, Abmachungen einhalten
Hier sollte man sich von einfachen Entschlüssen zu Schwierigen vorarbeiten. Niemals sich selber ein Versprechen geben, wenn die Gefahr besteht, es nicht einzuhalten.

2. Gelegenheiten wahrnehmen, sich zu präsentieren
Fremde Menschen ansprechen, eigene Positionen öffentlich vertreten, einem Verein oder einer Vereinigung beitreten und dort aktiv sein.

3. Etwas wirklich gut können

4. Selbstvertrauen auf innere Werte, Fertigkeiten und Fähigkeiten aufbauen, nicht auf Besitztümer oder Äußerlichkeiten.

5. Sich selber **mehr anerkennen** und weniger kritisieren.

6. Sich selber kennen
Eigene Schwächen und Stärken sind der Leitfaden für die persönliche Weiterentwicklung. Gegen blinde Flecken kann eine vertraute Person helfen.

7. Ein zielorientiertes Leben führen
Ziele geben dem Leben eine Richtung und das Erreichen von Zielen stärkt.

8. Erfolge stärker bewerten als Niederlagen
Aber beides sind Beweise dafür, dass man wirklich am Leben teilnimmt.

Eine passgenaue Aktivität planen

Spontaneität ist gut, Planung ist besser. Gleich, ob mit dem Partner, mit Freunden, mit Kindern oder Eltern, gemeinsam verbrachte Zeit sollte eine hohe Qualität haben.

1. Situationsanalyse
Welche Themen stehen im Vordergrund? Gibt es aktuelle Trends? Wie ist das Lebensumfeld? Hat es kürzlich wichtige Ereignisse gegeben?

2. Beschreibung der teilnehmenden Personen
Wo liegen Interessen der Beteiligten? Welche Kenntnisse und Fähigkeiten sind da? Sind Besonderheiten zu beachten? (Essgewohnheiten, Einschränkungen …) Wie belastbar und belastet sind de Teilnehmenden?

3. Gruppencheck
Harmonieren die Teilnehmenden miteinander? Können sie sich ergänzen? Kann sich jeder in der Gruppe wohlfühlen?

4. Ziele
Welche Ziele sollten mit der Aktivität verfolgt werden? Die Ziele sollten konkret, überprüfbar, realistisch, positiv und attraktiv sein und so formuliert werden.

5. Entscheidung für eine Aktivität
Jetzt erst werden unterschiedliche Aktivitäten der Situation, den Teilnehmenden und den Zielen entsprechend ersonnen, dann wird eine ausgewählt.

6. Vorbereitung
Orte, Materialien, Zeitpunkte, werden festgelegt. Werden weitere Informationen benötigt?

7. Geplanter Verlauf
Ein gemeinsamer Beginn ist schön, die Hauptaktivität ist auf Teilnehmende, Ziele, Situationen abgestimmt. Der Abschluss rundet die Aktion ab und sollte eine Feedback-Möglichkeit für die Teilnehmenden enthalten.

Besser Lügen

1. Üben, üben, üben.

2. Die Lüge planen und sich gut vorbereiten.

3. So lügen, dass es dem Anderen gefällt.

4. Lügen mit Wahrheiten verknüpfen.

5. Ein gutes Gedächtnis haben, wem welche Lüge wieso präsentiert wurde. Eine Lüge zieht immer weitere nach sich.

6. Überprüfen, ob die Wahrheit eine Option ist.

7. Nicht zu viele Details nennen.

8. Gelogene Abläufe müssen auch rückwärts erzählt werden können.

9. Ruhe bewahren, auf die Körpersprache achten, angemessen Blickkontakt halten.

10. Der Lüge eine einfache, plausible Struktur geben.

11. Jede Spur der Ehrlichkeit vernichten (Briefe, SMS, Fotos …).

12. Eine Lüge ändert die Wahrheit nicht.

Was sich lohnt zu lernen

Etwas Neues zu lernen, verschafft eine tiefe Befriedigung. Von vielen erlernten Dingen profitiert man ein Leben lang, sie eröffnen neue Horizonte, lassen sinnvoll Zeit verbringen, schaffen Kontakte.

1. Ein Handwerk

2. Ein Musikinstrument spielen

3. Kunst erschaffen: Malen oder Schreiben oder Bildhauen

4. Eine Sportart

5. Kommunizieren

6. Eine Fremdsprache

7. Selbstverteidigung

8. Kochen

9. Sich angemessen zu kleiden

10. Ein Fortbewegungsmittel steuern können

11. Ein Wissensgebiet, womit man sich wirklich gut auskennt.

Machtverhältnisse in Liebesbeziehungen

Viele Menschen geben an, wie wichtig ein ausbalanciertes Machtverhältnis in Beziehungen für sie ist. In der Wirklichkeit ist das nur selten der Fall. Meist bestimmt einer überwiegend Ort und Art der Treffen, Aktivitäten, sexuelle Zusammenkünfte und der oder die andere richtet sich danach. Das ist nicht schlimm, es macht sogar häufig für beide mehr Spaß. Beide Wege haben Vor- und Nachteile. Je ausgeprägter ein Weg ist, desto klarer werden sie.
Es gibt Menschen, die einen der beiden Wege präferieren, doch ist es mit bestimmten Verhaltensweisen möglich, jeden Weg jederzeit zu gehen.

Der Weg der Dominanz
Wer den Partner dominiert, bestimmt Art und Dauer der Beziehung und genießt viele Freiheiten innerhalb und außerhalb der Beziehung. Seine Wünsche und Bedürfnisse werden schneller wahrgenommen und befriedigt. Die Beziehung ist für ihn ein Ort der Sicherheit, an dem es Anerkennung, Sex und Liebe gibt. Der Preis ist es, zwar dominant sein zu dürfen, aber auch zu müssen. Man muss Stärke demonstrieren, darf sich nie wirklich fallenlassen. Viele werden übersensibel, der Partner kann es nicht mehr so richtig recht machen und die Lust auf Sex schwindet. Dominante sind mit der Beziehung zufrieden, aber sie lieben nicht. Es fehlt das Glück und so schön es auch ist, irgendwann will man nur noch weg.
Das Rezept:

1. Konzentration
Die Konzentration liegt auf der eigenen Person. Auf die Erfüllung eigener Wünsche bestehen, Wünsche des Partners nicht wahrnehmen, missmutig

erfüllen oder ignorieren. Es ist niemals das Gleiche, wenn man selber etwas tut und der Partner das gleiche tut oder will.

2. Zuckerbrot
Unvergessliche positive Erlebnisse, die in Entzücken versetzen, werden sparsam aber intensiv zelebriert.

3. Peitsche
Das bedeutet Liebesentzug in den verschiedensten Variationen in einer genau richtigen Dosierung. Die Stellung muss erobert und gefestigt, der Partner und die eigene Freude an der Dominanz, gehalten werden. So können Gefühle des Partners nicht ernst genommen werden, zu Verabredungen sollte zu spät gekommen werden, Sex und Zärtlichkeit muss zeitweise vorenthalten werden. All das mit lausigen Ausreden oder besser ohne jegliche Erklärung.

4. Aktivität
Ohne ein eigenes aktives Leben außerhalb der Partnerschaft wird es nicht klappen. Eine zeitintensive Arbeit oder ein Hobby wären hilfreich. Man sollte stets weniger Zeit für den Partner aufbringen, als dieser für die Beziehung.

5. Gefühlsreduktion
Gefühlsmäßig darf man sich nie ganz auf den Partner einlassen, nie ganz vertrauen, weil es schwächt und die Dominanz nicht zu halten ist. Momente der Schwäche sind okay.

Der Weg des schwachen Genießers

Dieser Weg ist mit intensiven Gefühlen verbunden und dadurch erscheint das Leben insgesamt intensiv und lebenswert. Es gibt keine Grautöne mehr, keinen erdrückend langweiligen Alltag. Aber man bezahlt eine Stunde Glück mit zehn Stunden Verzweiflung, Trauer und Wut. Sex ist schön und macht Spaß und man hat ständig Lust, wacht früh am Morgen mit einem Lächeln auf. Energie ist im Überfluss vorhanden. Man kann selbst die stupidesten Tätigkeiten mit Schwung erledigen. Leider nutzt man sie zu wenig konstruktiv. Dafür muss man das eigene Leben auf das des Partners umstellen. Es bleibt nicht viel Interesse für andere Dinge und Menschen. Die eigene Stimmung ist komplett vom Partner abhängig In seiner An- und Abwesenheit. Jede Regung wird vernommen, alle Wünsche erfüllt, damit auch ja das Licht an bleibt oder angeht, also das Wohlwollen des Partners, von dem man abhängig ist. Man liebt tief und ist doch stets unzufrieden. Das Rezept:

1. Den Partner zum Mittelpunkt des eigenen Lebens machen
Er oder sie ist die Sonne. Der Partner ist stets wichtiger als man selber.

2. Gefühle zulassen
Positive Gefühle dem Partner gegenüber werden zugelassen und ausgelebt. Dabei ist es hilfreich, die angenehmen Eigenschaften des Partners zu betonen, die negativen herunterzuspielen.

3. Interesse zeigen
Den Partner häufig fragen, wie es ihm geht, sich seinen Hobbys anschließen, eigene Interessen und Freunde aufgeben.

Womit man nicht ein mangelndes Selbstbewusstsein kompensieren sollte

1. Immer nett zu allen Menschen sein

2. Zu viel Make-up

3. Sich Freunde „kaufen"

4. Aufmerksamkeit um jeden Preis auf sich ziehen

5. Sich einen Kampfhund anschaffen

6. Einen Doktortitel erschwindeln

7. Nur mit einem Menschen eine Partnerschaft eingehen, weil er/sie gut aussieht.

8. Zu viel reden, zu wenig zuhören

9. Andere Menschen abwerten

10. Extremsportarten oder extreme Haltungen oder Verhaltensweisen

11. Eine narzisstische Persönlichkeitsstörung entwickeln

Sich selber verändern

1. Sich selber analysieren

2. Wünsche und Ziele definieren

3. Sich selber mit der neuen Persönlichkeit visualisieren

4. Mit kleinen Veränderungen beginnen und dabei erfolgreich sein

5. Erfahrungen initiieren, die die gewünschten Veränderungen zur Folge haben

6. Aktiv sein

7. Ressourcen erkennen und einbeziehen

8. Verhaltensweisen, die nicht zielkonform sind, vermeiden

9. So oft es geht schauspielern und so tun, als ob man sich schon verändert hätte und das entsprechende Verhalten zeigen

10. Geduldig sein und am Ball bleiben. Die Persönlichkeit zu verändern, ist wie das Steuern eines Ozeandampfers

Umweltfreundliches Verhalten, was wirklich etwas bringt

1. Kein Wasser in Plastikflaschen kaufen, stattdessen Leitungswasser trinken.

2. Kein Fleisch essen. Fleisch hat eine abscheuliche Klimabilanz, verbraucht Unmengen an Wasser und Tiere werden gequält.

3. Bioprodukte kaufen und essen. Das ist besser für das Klima, für die Böden, für die Bienchen. Sie schmecken besser und sind gesünder.

4. Gebrauchte Kleidung kaufen oder zumindest neugekaufte lange, lange tragen

5. Recyclingpapier und andere Recyclingprodukte verwenden

6. Selber Strom produzieren

7. Umweltfreundliche Mobilität

8. Umweltfreundlich reisen

9. Insgesamt weniger konsumieren

10. Umweltfreundliche, langlebige Produkte verwenden

Mehr Spaß beim Reisen

1. Etwas Neues machen.

2. Etwas, was man normalerweise macht, nicht machen, wie die Nutzung digitaler sozialer Medien.

3. Etwas anderes machen als im normalen Leben: Sozialberufler reisen allein, Schreibtischsitzer machen Aktiv-Urlaub, Köche Fastenwandern.

4. Nicht alles verplanen, Zeit und Raum für Überraschendes lassen.

5. Herausforderungen suchen, finden und meistern.

6. Ängste bewältigen.

7. Aktives Reisen.

8. Die Komfortzone verlassen. Häufig ist es umso langweiliger, je besser das Hotel ist. Ein Campingplatz verspricht eher Kontakte, als ein Luxushotel. Es bringt viel mehr Erlebnis. Man kann im Urlaub auch mal spartanischer leben als gewohnt. So geht die Konzentration auf die wirklich wichtigen Dinge.

9. Sich rücksichtsvoll verhalten, keine Schäden hinterlassen.

10. Möglichkeiten schaffen, neue Kontakte zu knüpfen.

Echte und falsche Liebe

Falsche Liebe: Ist egoistisch, fragt, was die andere Person für einen selber tun kann, hat einen Zweck, benutzt, um eigene Wünsche zu erfüllen, will besitzen, ist geprägt von Vorschriften und Eifersucht, soll Bruchstellen der eigenen Persönlichkeit kitten, ist abhängig vom Verhalten des anderen, ist an Bedingungen geknüpft, Unterschiede werden als Mangel angesehen, der andere soll verändert und verbessert werden, teilt nur Ausgewähltes miteinander, will Momente zementieren, lebt von einem stetigen Handel: Nehmen gegen Geben, verlangt absolute Offenheit, dient der gegenseitigen Bedürfnisbefriedigung, verlangt die Auflösung der eigenen Persönlichkeit, Absagen werden als Angriff gewertet, die Dauer wird als Beweis für das Gelingen gesehen.

Echte Liebe: Ist altruistisch, fragt, was man für die andere Person tun kann, ist zweckfrei, erfüllt die Wünsche des anderen, gewährt alle Freiheiten, orientiert sich an Autonomie und Wohlwollen, will freundlich ergänzen, ist unabhängig vom Verhalten des anderen, ist bedingungslos, Unterschiede bereichern, der andere wird geliebt wie er ist und in seinen Entwicklungswünschen unterstützt, teilt Wünsche und Träume miteinander, lässt Entwicklungen zu, gibt gerne, beinhaltet Vertrauen und lässt Geheimnisse zu, stärkt die individuelle Persönlichkeit, ist unabhängig von der An- oder Abwesenheit des anderen, übernimmt nicht die Verantwortung für das Leben und das Glück den anderen.

Die Geister, die ich rief

Der Drink zum Feierabend
Lust auf Sex
Eine Handvoll Chips
Nur kurz auf der Party vorbeischauen
Ein Abo bei einem Streaming-Dienst
Tourismus in Palma, Venedig, Paris, Luzern, Dubrovnik und Rom.
Kopfschmerztabletten
Nur ein T-Shirt kaufen wollen
Ein Stück Schokolade
Einen Marathon laufen
Nasenspray
… gelesen von Rufus Beck
Potenzmittel
Eine Runde Minecraft spielen
Eben mal die Handynachrichten checken
Nur ein kleines Tattoo
Mal eben ein Selfie machen
Auf einen Berg klettern
Ein wenig die Nase richten lassen
Pornografie
Ein wenig am Mückenstich herumkratzen
Bequem von A nach B kommen
An den/die Ex denken
Parthenocissus tricuspidata pflanzen
Einem Freund einen Gefallen tun

Lebensmittel selber herstellen macht glücklich

1. Marmelade
2. Brot
3. Bier
4. Suppe
5. Kuchen
6. Müsliriegel
7. Pesto
8. Joghurt
9. Schokolade
10. Nudeln
11. Kartoffelpuffer mit Apfelmus
12. Pizza
13. Frischkäse
14. Chips
15. Erdnussbutter
16. Burger
17. Ketchup

Schöner Wohnen

1. Abwechslungsreiche Gestaltung, was Farben, Formen, Stile, Materialien betrifft

2. Eher warme Farben und runde Formen verwenden

3. Verteilte Lichtquellen

4. Das Zuhause sollte zumindest teilweise den Charakter der Bewohner widerspiegeln

5. Alle Sinne unaufdringlich anregen

6. Weniger ist mehr: Nicht zu viele Möbel, Accessoires, Nippes

7. Keine Unordnung

8. Kaputte Gegenstände entsorgen

7. Die Elemente sollten im Gleichgewicht stehen: Holz (etwas aus Holz, Farbgebung braun oder grün), Feuer (rot und gelb, Kerzen, scharfe Kanten), Erde (Ocker, Beige, Keramik und Terrakotta), Metall (Gold oder Silber, rund, Windspiele), Wasser (Blau, Glas- und Wasserspiele, fließende Formen) So ist der Energiefluss gewährleistet (nach dem Feng Shui).

Wie man Freunde findet

Einsamkeit hat ein ähnliches Risiko verfrüht zu sterben, wie das Rauchen von fünfzehn Zigaretten täglich. Das Risiko für Herz-Kreislauf-Erkrankungen und Depressionen verringert sich, wenn Freundschaften gepflegt werden. Das klappt aber nur, wenn man sich auf Freundschaften ohne diese Hintergedanken einlässt.

1. Sich einer Gruppe anschließen, in einen Verein eintreten.

2. Freunde von Freunden treffen.

3. Kontakte pflegen: unaufdringlich aufmerksam sein, interessiert, hilfsbereit und signalisieren, dass man Zeit hat.

4. Kontakte einüben
In Alltagssituationen, beim Einkaufen, in der Bibliothek, beim Spaziergang wahllos Menschen kurz ansprechen, eine Frage stellen, ein kurzes Statement abgeben.

5. Ein Ehrenamt ausüben
Viele freuen sich, wenn jemand umsonst arbeitet und sich engagiert. Die Gefahr auf Ablehnung schwindet stark.

6. Über Interessen in Kontakt mit anderen treten.

7. Orte und Veranstaltungen aufsuchen, wo man Menschen mit ähnlichen Vorlieben treffen kann.

Womit man sich irgendwann konfrontieren muss

1. Mit den eigenen Ängsten: sie unbewusst auszulagern und sie dort zu bekämpfen, ist ein nutzloses Unterfangen.

2. Mit den eigenen Wünschen: Wünsche können genauso wie Ängste erschrecken, aber man wird nie ganz, wenn man sie nicht anerkennt und zumindest teilweise lebt.

3. Die Rolle des Kindes möglichst respektvoll abschließen.

4. Mit dem eigenen Schatten: Also alles das, was Teil des Selbst ist, man dies aber nicht wahrhaben möchte.

5. Mit dem eigenen Tod: Wie soll die Bilanz des Lebens aussehen? Lebt man so, dass man sagen kann, das Leben ist gelungen?

6. Mit den eigenen Talenten: Gottes Geschenke sind Gottes Dienstanweisungen!

7. Mit dem, was man hinterlässt: Hat man mehr Nutzen oder Schaden in die Welt gebracht?

8. Mit dem eigenen Glauben: Wer Glück hat kann sich mit dem Gedanken anfreunden, dass es mehr gibt als Zellhaufen und Materie und lebt dafür besser und länger.

9. Mit den eigenen Vorlieben: Zu ihnen stehen, auch wenn's peinlich ist.

Was für eine Verbindung!

Erdbeeren mit Vanilleeis und heißer Schokolade.

Frisch verliebt auf einer Strandparty am Mittelmeer.

Rot und Lila.

So ein Kind bekommen, dass es im Sommer laufen lernt.

Ein athletischer, männlicher Körper in weißem Hemd und Jeans.

Eine Frau im Cabrio mit Sonnenbrille, Kopftuch und Lippenstift.

Im Supermarkt in Eile sein, eine zweite Kasse öffnet und eine ältere Dame lässt einen lächelnd als erste hin.

Doppelkopf spielen mit Freunden, Wein trinken und ein gutes Blatt auf der Hand haben.

Weihnachten fängt es um 17.10 Uhr an zu schneien.

Über die Grenze nach Italien fahren, die Wolken brechen auf, die Sonne scheint und im Radio kommt ein Song von Eros Ramazotti.

In der Disco sich alleine tanzend in ein Lieblingslied versenken.

Draußen Tennis spielen bei Sonnenschein und 24 Grad und den Matchball machen.

Als Kind aufwachen, bunte Luftballons überall im Zimmer entdecken und registrieren, dass man Geburtstag hat.

Nimm 2 Likör: Nimm 2 Bonbons in Wodka auflösen.

Einen Regentag in einem Dachzimmer mit einem guten Buch verbringen.

Toast mit Käse und Marmelade.

Eine Reise mit drei Verkehrsmitteln und alle fahren pünktlich ab und kommen rechtzeitig an.

Ein Rosen-Lavendel-Beet.

Mit dem Motorrad auf einer kurvenreichen Straße am Mittelmeer entlangfahren.

Zwei Jahre gearbeitet haben, zwei Jahre verheiratet sein und dann schwanger werden.

Die Joggingrunde in Bestzeit, dann ein gesundes Frühstück.

Sinnintensive Bücher

1. *Haben oder Sein* von Erich Fromm
2. *Das Buch vom Sinn und Leben* von Tao te king
3. *Die Macht Ihres Unterbewusstseins* von Dr Joseph Murphy
4. *Der kleine Prinz* von Antoine de Saint-Exupéry
5. *Sorge Dich nicht – Lebe* von Dale Carnegie
6. *The secret* von Ronda Byrne
7. *Ein Kurs in Wundern*
8. *Der Alchimist* von Paulo Coelho
9. *Das Café am Rande der Welt* von John Strelecky
10. *Siddhartha* von Hermann Hesse
11. *Bestellungen beim Universum* von Bärbel Mohr
12. *Erleuchtung in sieben Tagen* von Thomas Hohensee
13. *Der Weg zum Glück* vom Dalai Lama
14. *Sinnvoll leben* von Alfried Längle
15. *5 Dinge, die Sterbende am meisten bereuen* von Bronnie Ware
16. *Reise nach Ixtlan* von Carlos Castaneda
17. *Liebe ist möglich* von Franz Alt
18. *Jetzt! Die Kraft der Gegenwart* von Eckhart Tolle
19. *Mut. Lebe wild und gefährlich* von Osho
20. *Zen und die Kunst ein Motorrad zu warten* von Robert M. Pirsing
21. *Die Kuh, die weinte* von Ajan Brahm
22. *Neue Wege in der Kurzzeit-Therapie* von Richard Bandler und John Grinder

Das Leben verlängern

Häufiges Sonnenbaden erhöht die Lebenserwartung um zwei Jahre

Nicht rauchen, mäßig Alkohol, kein Übergewicht bringen sieben Jahre

Wer sich jünger fühlt, lebt länger

Ein aktives Sexualleben

Aktivität

Bewegung (30 Minuten am Tag oder 3 Stunden die Woche genügen)

Soziale Kontakte

Stress reduzieren

Keine Drogen, auch kein Alkohol oder Nikotin

Richtige Ernährung (20 Jahre) (viel Obst und Gemüse, fleischarm, kaum Alkohol)

Täglich fünf Portionen Obst und Gemüse essen

Lesen von Büchern

Wenig essen (das klappt zumindest erwiesenermaßen mit Bakterien, Hefen, Würmern, Mäusen und Affen). Und es gibt keine 100jährgen mit Übergewicht.

Religiös sein

Chilis essen

Antioxidantien zu sich nehmen (Vitamin A, C und E, Beta-Carotin, Zink und Selen sowie Polyphenole und Phytoöstrogene)

Gelassenheit

Dem Leben einen Sinn geben

Nicht so viel Testosteron produzieren

Nüsse essen

Früh aufstehen

Einen Hund haben

Meditieren

Neugierig bleiben

Sich vegetarisch ernähren

Optimistisch sein

Eine Frau sein

Für Männer: verheiratet sein. Für Frauen nicht heiraten.

Rad fahren

Mäßiger Konsum von Kaffee

Eine tägliche Siesta

Joggen

Intelligent sein

Glücklich sein

Treppen steigen

Humor

Mönch sein

Reichtum

Bildung

Ich danke Dr. Olaf Hoffman und Sabine Cortnumme für die freundliche Durchsicht und die anregenden Kommentare.